Alle dürfen
es wissen

Alle dürfen es wissen

Vera C. Lux

Aus der Reihe
LEBENSDIMENSIONEN
Band 4

Bibliografische Information der Deutschen Nationalbibliothek:
Die Deutsche Nationalbibliothek verzeichnet diese Publikation in der Deutschen Nationalbibliografie; detaillierte bibliografische Daten sind im Internet über http://dnb.dnb.de abrufbar.

Satz, Layout und Umschlaggestaltung: Vera C. Lux
Herstellung und Verlag: BoD - Books on Demand, Norderstedt
ISBN: 978-3-7578-2178-4

Inhaltsverzeichnis

Ein geistiges Geschenk

Diese Botschaft aus der geistigen Welt wurde in innigster Herzensliebe zu uns Erdenmenschen übermittelt und uns als geistiges Geschenk überreicht. Es ist ein geistiger Gruß, der den Lesern eine geistige Liebesschwingung einstrahlen will, die sie ganz durchdringen möge, um den geistigen Inhalt dieses Buches im höheren geistigen Bewusstsein aufnehmen und erfassen zu können – und zur Umsetzung zu bringen.

Die Liebe und der Friede unseres himmlischen Vaters
und von Jesus, dem Christus, sei mit euch!

Liebe Menschenkinder, diese vielen geistigen Gnaden aus der Geisterwelt Gottes werden euch gereicht als geistiger Segen, den unsere liebe Mutter Maria in Warnungen als innere geistige Aufrüttelung in ihrer großen Liebe und in ihrem Erbarmen ihren Kindern als geistigen Wegweiser schenkt, sodass dies eine innere Umkehr und einen Gesinnungswandel bewirke.

Möge dies durch die Anwendung der Liebeslehre Jesu Christi umgesetzt werden, stets in Liebe eingestellt und ausgerichtet in Gedanken, Worten, Werken und Empfindungen.

Wisset und seid euch stets gewahr: Das höchste Gebot, auf dem sich alles aufbaut, – „Liebe Gott über alles, deinen Nächsten sowie dich selbst!" – möge sich an den Menschenkindern und durch die Menschenkinder vollziehen, im Kleinsten wie im Großen, in allen und in allem sich widerspiegeln.

Mögen die Worte unserer lieben Mutter Maria und der Boten Gottes in innigster Liebe die Menschenkinder erreichen und in ihre Herzen eindringen.

Durch stete innere geistige Erkenntnisse und deren Bewusstwerdung dürfen wir in der für uns vorgelebten Liebesspur Jesu

Christi, unseres Guten Hirten, in Hingabe an ihn, dem Nächsten in Demut und Freude dienen, in selbstloser Nächstenliebe, mit unserem freien Willen, stets auf dem Wege Jesu Christi, näher mein Gott zu dir.

Möge dieses mit geistiger Fülle und mit dem Segen aus der Geisterwelt Gottes ausgestattete Buch als Beitrag zum reichlichen geistigen Erwachen der Menschheit, der geliebten Kinder Gottes, dienend mithelfen!

Liebe und Friede sei mit euch!

Zum Geleit

Wiederum ist die Vermittlung und Verbreitung von geistigen Wahrheiten das zentrale Anliegen auch in diesem vierten Band aus der Reihe „Lebensdimensionen", diesmal im Speziellen über Prophezeiungen zukünftiger Ereignisse auf Erden, welche die ganze Menschheit betreffen. Und wenn Offenbarungen für die ganze Menschheit bestimmt sind, sollen und dürfen auch alle Menschen davon erfahren. Es soll keinerlei Geheimnis daraus gemacht werden. Niemandem soll dieses Wissen vorenthalten werden, aus welchen Motiven auch immer, niemand soll ausgeschlossen sein. Es sei denn, ein Mensch verschließt sich selbst davor durch seine Gesinnung, Weltanschauung, durch sein Desinteresse an dieser Thematik, seine persönliche Ablehnung, durch Ignoranz, vorgefasste Meinungen, Verhaftung in alten gewohnheitsmäßigen Bewusstseinsschienen, Denkmustern, Prägungen usw.

Vorweg ein paar ganz allgemeine Betrachtungen zu dieser Thematik: Wie oft haben wir in unserem Leben schon Hinweise, Empfehlungen, Ratschläge, Tipps, Anregungen, Fingerzeige, Orientierungshilfen bekommen, aber auch so manche Mahnung, Warnung, ja Aufrüttelung? Von unseren Eltern, Lehrern, Vorgesetzten, Kollegen, Nachbarn, vom Arzt, von einem guten Freund, von irgendjemand Fremdem gleichsam im Vorbeigehen, aus der Weisheit und Erfahrung des Alters oder gar aus Kindermund …

Oder gab es da in gewissen Lebenssituationen nicht manchmal einen Geistesblitz, eine zarte Inspiration, eine durchglühende Intuition, ein gewisses Bauchgefühl, ein inneres Wissen? Vor schwerwiegenden Entscheidungen vielleicht einen zukunftsweisenden Traum? Oder haben wir von uns aus ganz gezielt Rat und Hilfe eingeholt bei uns vertrauten Mitmenschen, bei einem Spezialisten, Experten usw.?

Und wie habe ich dann reagiert? Wie bin ich mit den auf so unterschiedliche Art und Weise erhaltenen Informationen umgegangen?

Habe ich sie etwa ganz ohne darüber nachzudenken leichtfertig gleich wieder in den Wind geschlagen? Oder habe ich zu grübeln begonnen, hin und her zu überlegen, herumzusinnieren? Oder habe ich sie auf meiner jeweiligen Erkenntnisstufe nach bestem Wissen und Gewissen mit meiner Vernunft geprüft im Hinblick auf mögliche daraus resultierende Folgewirkungen seelischer, körperlicher oder materieller Art, für mich selbst oder meine Mitmenschen, für die Umwelt, die Natur, den Planeten usw.? Und wenn ich sie im Zuge meiner Vernunftprüfung für gut, sinnvoll und zweckmäßig erachtet habe, habe ich dann womöglich wieder gezaudert und gezögert, bis ich schließlich dem Zweifel erlegen bin und sie wider besseres Wissen doch noch verworfen habe? Fehlte mir vielleicht ganz einfach die Nachvollziehbarkeit? Die eigene Erfahrung damit? Das Vertrauen, der Mut zum Umsetzen?

Und dann? Habe ich mir durch mein Nicht-Beherzigen einen Nachteil, Schwierigkeiten oder Leid eingehandelt? Habe ich erst aus Schaden klug werden müssen oder fühlen müssen, weil ich nicht hören wollte? Wo lag da die Ursache? Wer war da schuld? Wer hatte da Schuld? War die Warnung nicht deutlich genug? Hätte ich darauf gehört, wenn sie deutlicher gewesen wäre? Wirklich?

Oder flüchten sich meine Ausreden jetzt etwa in einen „unberechenbaren Zufall", ein „unabwendbares Schicksal", eine „unausweichliche Vorsehung" oder ein „vorbestimmtes Kismet"? Oder muss letzten Endes wieder einmal unser so allliebender himmlischer Vater, der Vater der Liebe, als der vermeintlich „strafende Gott" herhalten? Oder andere Ausweichversuche, Ablenkungsmanöver, weil ich nach meinem Dafürhalten völlig unschuldig und unverdient in so eine missliche Lage geraten bin …?

Im Nachhinein sind wir bekanntlich oft klüger als zuvor. Versuchen wir nun, unsere Versäumnisse vor uns selbst zu entschuldigen, zu rechtfertigen, zu beschönigen? Hätten wir es doch gewiss anders gemacht, wenn wir das alles gewusst hätten … Hätten? Gilt nicht! Wir haben es gewusst und trotzdem nicht anders gehandelt, obwohl wir doch gewarnt worden sind. Wissen wir aber nicht tief in unserem Innersten, dass wir selbst es sind, die wir unsere Versäumnisse auch selbst zu verantworten haben werden?

Wie ganz anders fühlt es sich dagegen an, wenn uns – wie in kindlichem Vertrauen – ein Beherzigen solcher Warnungen vor Leid bewahrt hat. Mag sein, dass dieses Vor-Leid-bewahrt-worden-Sein nicht gleich als solches erkannt werden kann, weil es unseren Sinnen zunächst verhüllt ist. Vielleicht steht anfangs oder vorübergehend sogar ein vermeintlicher Nachteil bewusstseinsmäßig im Vordergrund. Dass wir zum Beispiel auf so manche irdisch-materielle Annehmlichkeit verzichten hätten müssen, eingefahrene Geleise verlassen, lieb gewonnene Gewohnheiten aufgeben, bisher gepflogene Denkmuster und Denkweisen infrage stellen, überprüfen, ändern und vieles mehr.

Da lässt sich die eigentlich beglückende, segensreiche Auswirkung mitunter also erst später, nach Tagen, Wochen, Jahren, in einem dann größeren Zusammenhang erkennen, spätestens jedoch nach unserem Hinübergang ins Jenseits bei der Betrachtung und Durchforstung unseres Lebenspanoramas des abgelaufenen Erdenlebens und seiner Wechselwirkungen, Verflechtungen und Verknüpfungen mit zurückliegenden Vorleben, Vorvorleben, und zwar im Hinblick auf das Lösen von Bindungen, das Abtragen und Wiedergutmachen von Verfehlungen, aber auch auf Prüfungen und Bewährungen.

Und spätestens dann werden wir sehr, sehr dankbar sein für die Hinweise, Mahnungen, Warnungen, die wir einst erhalten haben, und darüber, dass wir sie beherzigt haben, auch wenn es manchmal recht große Mühen bereitet hat.

Wie verhält es sich aber nun, wenn sich eine Warnung nicht nur auf eine Einzelperson bezieht, sondern auf mehrere Menschen, auf viele, auf alle Menschen, auf die ganze Menschheit?

Nicht damit gemeint sind so manche Prophezeiungen eines apokalyptischen Weltuntergangs zu exakt vorausgesagten Zeitpunkten, was dann doch nicht eingetroffen ist. Auch nicht allerlei angst- und panikmachende hiobsbotschaftenartige globale Schreckensszenarien, die mit einer gewissen Regelmäßigkeit von Sprachrohren verschiedenster Interessengruppen verkündet werden, oft unter Einforderung von dringend notwendigen Sofortmaßnahmen.

Mag sein, dass dabei vorgebrachte „Verbesserungsvorschläge" in Teilbereichen zunächst durchaus vorteilhaft erscheinende Auswirkungen auf gezielt ausgewählte irdisch-materielle Parameter haben können. Lassen sich aber in den für eine Ergebnisauswertung und Beurteilung herangezogenen willkürlich festgelegten und oft sehr kurzen Beobachtungszeiträumen auch mögliche Wechselwirkungen mit anderen Faktoren erkennen, Problemverlagerungen in andere Bereiche, Spätfolgen? Wie oftmalig wechselnd sind die Strategien, wie diametral einander gegenüberstehend oder gar widersprechend? Wie kurzsichtig oder weitsichtig die Lösungsansätze, von wie kurzer oder längerer Dauer die so prognostizierten Erfolge? Oder reduzieren sich die tatsächlichen Erfolge solcher Konzepte und Projekte etwa zum Großteil auf die damit erzielbaren materiellen Gewinne, Vorteile, Nutzen für die daran beteiligten Interessengruppen, um mit solchen Prognose-Konzepten bewusst in die Irre zu leiten, diese bewusst als irreführendes System für die Menschheit einzusetzen, um vom geistigen Weg abzulenken? So lassen sich die wahren Lösungen für unsere Erdenlebensprobleme letztendlich nicht im Irdisch-materiell-Menschlichen finden, sondern stets in höheren Dimensionen, also im Geistigen.

Zurück zu unserer Frage: Wie verhält es sich denn nun, wenn sich eine Warnung nicht nur auf eine Einzelperson bezieht, sondern auf mehrere Menschen, auf viele, auf alle Menschen, auf die ganze Menschheit, die durch eine Warnung aufgerüttelt werden soll?

Ein geistiger Blick in die Welt lässt doch recht unverblümt einen höchst erbarmungswürdigen Zustand unseres Planeten erkennen, mit ziemlich leidvollen Verhältnissen für die Erdenmenschen. Erweckt es da nicht ganz den Anschein, als habe es so ein weltumspannendes Aufrütteln durch Warnungen für die ganze Menschheit noch nie gegeben, ja gar nicht geben können?

Und doch hat es solche Warnungen sehr wohl gegeben! Oftmals sind sie der Menschheit aber nicht oder nur unzureichend vermittelt worden, vorenthalten, oder es war trotz Bekanntmachung zu wenig oder kein Interesse dafür bei den Menschen vorhanden, sie haben einfach kein Gehör gefunden, wurden überhaupt abgelehnt oder gar bekämpft – und der alte eingefahrene materielle Weltentrott wurde fortgesetzt.

Wären diese Warnungen der Menschheit entsprechend weitergegeben und auch demgemäß befolgt worden, könnte die geistseelische Entwicklung von uns Erdenmenschen jetzt eine ganz andere sein und ebenso der Zustand des Planeten Erde. Der geistige Segen und die Liebe wirkt und spricht ja durch diese Warnungen. Und wenn wir mit dieser Erkenntnis und Bewusstwerdung einer neuen inneren geistseelischen Lenkkraft, durch eine neue Sichtweise und ein Umdenken, mit unserem freien Willen diese Warnungen im Jetzt beherzigen, können immer noch segensreiche Wirkungen erzielt werden für jeden Einzelnen, der sie befolgt, für die ganze Menschheit, für Mutter Erde.

So will auch dieses Buch wieder zum Reflektieren anregen, zum Verinnerlichen, zum Prüfen mit der Vernunft. Vor allem aber will es zur geistigen Wahrheitenverbreitung mitbeitragen und Einblicke gewähren in große geistige Prophezeiungen für die ganze Menschheit – denn es hat sie gegeben und gibt sie immer noch, wie wir erfahren werden. Ergänzende aufklärende geistwissenschaftliche Kommentare sowie Hinweise auf weiterführende Literatur mit vertiefenden Erläuterungen zu einzelnen Textpassagen wollen das Verständnis für die so wertvollen Inhalte solcher geistigen Offenbarungen fördern und Anregungen geben zur erdenlebenspraktischen Umsetzung mit ewigkeitsorientierten Folgewirkungen.

Und der Dank soll zum Ausdruck gebracht werden, dass diese geistigen Prophezeiungen übermittelt wurden für uns Erdenmenschen, und zwar für alle Menschen. Für alle, die sie beherzigen und sich dementsprechend geistseelisch vorbereiten, wappnen, rüsten und schützen wollen. Sie sollen ja keine Geheimnisse bleiben, sondern es soll vielmehr so manchen noch gehüteten „Geheimnissen" zur Offenbarung verholfen werden, denn:

Alle dürfen es wissen!

Was ist bei Prophezeiungen zu beachten?

Durch alle Zeiten der Menschheitsgeschichte hindurch war und ist das Interesse groß, etwas über die Zukunft zu erfahren, über das persönliche Schicksal, über den Verlauf und Ausgang verschiedener Ereignisse im Kleinen wie im Großen, ja über die Zukunft der ganzen Menschheit. Denken wir z. B. an Hellseherei, Wahrsagerei, Zukunftsdeuterei, an die Astrologie, die Orakelbefragungen im Altertum, die Weissagungen des Nostradamus im Mittelalter bis hin zu aktuellen parapsychologischen Forschungen auf dem Gebiet der sogenannten Präkognition, der außersinnlichen Fähigkeit, zukünftige Geschehnisse wahrzunehmen oder vorherzusagen. Und vieles mehr.

Und doch mag der Begriff „Prophezeiung" so manchen Menschen ein gewisses Unbehagen bescheren, das Gefühl, etwas Geheimnisvollem, Übernatürlichem, Übersinnlichem, Magischem, Mystischem ausgeliefert zu sein. Wieder andere Menschen mögen sich sogar völlig verunsichert fühlen, wenn sie von Prophezeiungen erfahren, auf die sich einlassen sollten, die sie befolgen sollten, ohne eigentlich über deren Zustandekommen Bescheid zu wissen.

Solche Bedenken sind durchaus nicht immer unberechtigt … Deshalb wollen die folgenden geistwissenschaftlichen Erläuterungen Anregungen bringen zur Prüfbarkeit und Beurteilbarkeit von Prophezeiungen.

Stellen wir uns dazu gleich vorweg die Frage: Aus welchen Quellen schöpfen eigentlich prophetische Weissagungen? – Aus einer anderen Dimension, aus dem Jenseits, das ist schon klar, aber aus welchen Bereichen des Jenseits, das ja viele verschiedene Sphären ganz unterschiedlicher geistiger Entwicklungsstufen umfasst. Stammen die Prophezeiungen aus geistig hellen oder dunklen Sphären? Aus dem Licht oder aus der Finsternis? Und wer sind die hinter den Kulissen für menschliche Augen gewöhnlich nicht sichtbaren Informanten der vorausgesagten Geschehnisse?

Sind es „Engel Gottes", die sich melden und kundtun, wie der Mittler in seinen Erlebnisschilderungen im dritten Band aus der Reihe „Lebensdimensionen"[1] jene hochentwickelten jenseitigen Geistwesen liebevoll bezeichnet, die als Gott und Christus treu dienende lichte Boten mit ihren geistigen Offenbarungen der Erdenmenschheit zur geistseelischen Aufwärtsentwicklung dienen wollen? Oder sind es Abgesandte aus dem Reich der Finsternis, vom Herrn der Tiefe beauftragte negative Geistwesen mit der Anweisung, unter raffiniertesten Verdrehungen, Verzerrungen und Verfälschungen geistiger Wahrheiten bei den Erdenmenschen die Neugierde und Sensationslust anzustacheln, die Gier nach Macht und Reichtum unersättlich zu schüren, Angst und Panik, Disharmonie und Unfrieden zu stiften und möglichst niemanden zu einer geistseelischen Verinnerlichung kommen zu lassen?

Wiederum kommen wir also nicht umhin um das Prüfen, Prüfen, Prüfen. Es ist eine unerlässliche Notwendigkeit, das Prüfen mit der gottgegebenen Vernunft, bei geistigen Mitteilungen, Kundgaben, Botschaften, Offenbarungen, Prophezeiungen. Dabei sondert sich nämlich die dunkle Spreu vom lichten Weizen, die Unwahrheit von der Wahrheit. Deshalb ist das Prüfen bzw. Geprüft-Werden den Dunkelmächten so ein Gräuel, wohingegen die lichten Boten uns Erdenmenschen sogar ermuntern, ja auffordern, ihre Kundgaben stets zu prüfen. Gottesboten scheuen keine Prüfung, sie schöpfen ja aus der Quelle der geistig-göttlichen Wahrheiten. Und diese halten jeder Prüfung stand, denn die Wahrheit bleibt die Wahrheit!

Nur die Wahrheitenverdreher, Wahrheitenverzerrer und Wahrheitenverfälscher aus den Falschmünzerwerkstätten Satans scheuen eine Prüfung, denn dann könnten und würden ja die unter dem verlockenden satanischen Blendwerk verborgenen Hinterlistigkeiten und Irreführungen ans Licht der Wahrheit kommen. Schon in der Bibel werden wir gemahnt, uns fernzuhalten von der Verbindung mit den bösen Geistern, die in Schafskleidern kommen, inwendig aber raubgierige Wölfe sind. An ihren Taten werden wir sie erkennen. (vgl. Mt 7,15-16[2])

Was sollen wir also prüfen? Die geistige Zielrichtung des geoffenbarten Inhalts der Botschaften, die möglichen Folgewirkungen, die bei einer Beherzigung oder Nichtbeherzigung der kundgegebenen Botschaften zu erwarten sind und auch jeweils eintreten werden. Die sogenannten Früchte also, die wir einbringen können, dienen uns als Hilfe zum Unterscheidenlernen und Erkennenkönnen. Stellte doch Jesus in seiner Bergpredigt die Frage: Kann man etwa Trauben von Dornbüschen lesen und Feigen von Disteln ernten? (vgl. Mt 7,16)

Stellen wir uns dazu ein paar weitere Fragen als Orientierungshilfen für die Beurteilbarkeit von Prophezeiungen im Hinblick auf deren mögliche Folgewirkungen:

Handelt es sich um eine Ankündigung, die uns in Aufregung und Schrecken versetzt, in Angst und Panik? Die Verzweiflung hochkommen lässt, Hoffnungslosigkeit? Die unsere freie Willensäußerung und Willensbetätigung einschränkt oder unterdrückt, uns also knechtet, versklavt? Wird Druck auf uns ausgeübt, Zwang? Wird gedroht? Oder wird gelockt? Verlockt? Die Erfüllung von nur rein irdischen, vergänglichen Annehmlichkeiten in Aussicht gestellt? Gewinn und Wohlstand, Macht und Anerkennung, Ruhm und Ehre, aber natürlich nur, wenn wir uns auf die uns dafür im Gegenzug gestellten Bedingungen einlassen, den uns diktierten Spielregeln unterwerfen? Will man uns davon ablenken, abhalten, den eigentlichen Sinn und Zweck unseres Erdenlebens erkennen zu können, vor allem aber zu erfüllen? Durch Verleiten zu irreführenden sinnlosen, nutzlosen und zwecklosen Beschäftigungen und Aktivitäten? Zu einem permanenten Überstrapazieren des Verstandesdenkens? Einem Verausgaben unserer Körperkräfte und Vergeuden unserer seelischen Lebensenergien? Steht dabei womöglich unsere körperliche Gesundheit auf dem Spiel? Oder unser Seelenfriede? Oder gar unser Erdenleben?

Oder aber handelt es sich um eine gottgewollte wahre geistige Prophezeiung, bei der wir die folgenden Fragen aus ganzem Herzen bejahen können:

Ist es im Willen Gottes? Wird unser freier Wille geachtet? Ist es in Liebe und aus Liebe? Aus wahrer Liebe, aus Herzensliebe? Hilft es mit zur Verbreitung der Liebe? Der Liebe zum Schöpfer, zum Nächsten, zu jedem Nächsten, zur Schöpfung, zur ganzen Schöpfung? Gereicht es zum Wohle von allen und allem? Ist es auf eine Vergeistigung hin ausgerichtet? Auf die Ewigkeit? Dient es der Reifung unserer unsterblichen Geistseele? Fördert es die geistseelische Entwicklung der Menschheit? Bringt es uns Kinder Gottes wieder näher, wieder zurück zu unserem himmlischen Vater?

Fühlen wir uns dabei – auch wenn so manche geistige Prophezeiung aus rein erdenmenschlicher Sicht zunächst nicht nur nicht erfreulich klingen mag, sondern vielleicht sogar höchst bedrängnisvoll – trotz allem, entgegen jeglichem irdischen Verstandesdenken, in unserem Innersten getragen und geborgen, behütet und beschützt? Können wir diesen Hauch von Gnade und Barmherzigkeit vielleicht eher nur erahnen als tatsächlich spüren, der so einer geistigen Prophezeiung innewohnt und in unserer Seele Frieden, Freude und eine unbeschreibliche Dankbarkeit erwecken möchte?

Wenn ganz große geistige Prophezeiungen von sehr hohen Geistwesen wie z. B. von Mutter Maria für die ganze Menschheit verkündet werden, werden in diesem Zusammenhang oftmals auch „Zeichen" wahrnehmbar, „Wunder" gewirkt oder es geschehen geistige Heilungen, um mit solchen Gnadengaben auf das nicht-irdische Zustandekommen jener Offenbarungen hinzuweisen. Hinzuweisen, nicht es beweisen zu wollen. Die Geisterwelt Gottes wird nie jemandem Beweise aufzudrängen versuchen, jeder möge sich freiwillig mit seinem Bewusstsein, mit seinem Herzen dafür öffnen.

Diese ganz großen geistigen Prophezeiungen von Mutter Maria werden zumeist von mehreren Sehern, oft Seherkindern, gleichzeitig empfangen – was wiederum die Glaubensbereitschaft mancher Menschen an die „Richtigkeit" des von den Sehern Geschauten, Gehörten, Erlebten und Übermittelten stärken soll.

Dass es sehr viele ganz unterschiedliche Erscheinungen, Botschaften und Offenbarungen von Mutter Maria durch viele Jahrhunderte hindurch gegeben hat, ist überliefert.[3] Was allerdings ihre ganz großen geistigen Prophezeiungen für die gesamte Menschheit anbelangt, so ist zwar vielen Menschen bekannt, dass diese stattgefunden haben, oftmals aber leider nicht deren geistiger Inhalt und weitreichende Bedeutung. Und das wäre für jeden Einzelnen von uns Menschen so wichtig zu wissen, um damit die Möglichkeit zu haben, diese so wegweisenden geistigen Offenbarungen im Erdenleben auch geistig zielführend umsetzen zu können.

Warum ist das so wenig bekannt? So wenig bekannt gemacht worden? So wenig unter den Menschen verbreitet?

Wie ganz anders läuft da die irdisch-weltliche Berichterstattung über die verschiedensten traditionellen und sozialen Medien. Mag der tatsächliche Informationswert eines Ereignisses geistig noch so unwesentlich sein, dessen Weiterleitung und Ausstrahlung über Rundfunk, Fernsehen, Internet erfolgt in Windeseile über den ganzen Globus.

Andererseits ist diese sehr rasche Informationsmöglichkeit weiter Teile der Bevölkerung wieder äußerst wertvoll, um z. B.

auf drohende Gefahren aufmerksam zu machen oder vor Wetter-, Natur- und Umweltkatastrophen zu warnen – wenn die entsprechenden Informationsmedien unter den außergewöhnlichen Umständen in solchen irdischen Ausnahmezuständen nicht selbst außer Gefecht gesetzt sind.

Doch selbst in den schlimmsten nur erdenklichen Ausnahmezuständen und Notsituationen sind unsere lieben Schutzengel und andere dienstbare lichte Geistwesen immer empfangsbereit, immer erreichbar für unsere flehenden Bitten und Gebete, um geistige Hilfsenergien an uns zu übermitteln, mit vielfältigen segensreichen Wirkungen bis in den materiellen Bereich hinein – natürlich stets so, wie es entsprechend unserem Gottvertrauen im Willen Gottes zu unserem Besten ist und zum Wohle von allen und allem.

Warum also diese Diskrepanz in der Verbreitung und Veröffentlichung unterschiedlicher Themen, irdischer und geistiger? Warum wird prompt gewarnt und diese Warnung auch prompt weitergeleitet, wenn es sich um Gefahren für unseren vergänglichen irdischen Körper handelt oder unser vergängliches irdisches Hab und Gut? Aber nur zögerlich, kärglich, verhalten oder fast gar nicht, wenn es sich um unser ewiges Seelenheil dreht? Warum?

Um dem geistigen Licht zum Sieg mitzuverhelfen, will dieser vierte Band aus der Reihe „Lebensdimensionen" den überwältigenden geistigen Inhalt der ganz großen Prophezeiungen von Mutter Maria für die ganze Erdenmenschheit in Erinnerung rufen und mit entsprechenden geistwissenschaftlichen Erläuterungen und weiterführenden Kommentaren dazu beitragen, dass mehr und mehr erfasst werden kann, welch unermessliche Gnadengaben „unsere himmlische Mutter" „ihren geliebten Kindern" schenken will.

Über Erscheinungen, Botschaften, Prophezeiungen von Mutter Maria

Warum tritt Mutter Maria in den letzten knapp zwei Jahrhunderten verstärkt in Erscheinung?

Ein geistig offener Blick auf die in alle Richtungen hin sich immer mehr zuspitzenden Geschehnisse und Ereignisse in der Erdenwelt lässt unschwer erkennen, dass der Erdenmenschheit schwierige Zeiten bevorstehen. Sehr schwierige sogar. Und immer dann, wenn der Erdenmenschheit solche sehr schwierigen Zeiten bevorstehen, ist Mutter Maria in ihrer so großen mütterlichen Liebe zu ihren geliebten Kindern uns Erdenmenschen ganz nahe, um zu mahnen und zu warnen und auf unser Bitten hin uns Hilfe und Schutz zu gewähren. So ruft Mutter Maria in ihren Erscheinungen und Botschaften die Menschen unermüdlich auf zu einer Gesinnungsänderung und zu Gebetsstürmen, damit viele Drangsale, viel Not und Elend, viel Unheil abgewendet, abgeschwächt, abgemildert werden möge.

Dazu lassen wir im Folgenden den Gottesboten Emanuel zu Wort kommen, den wir als seinerzeitigen Schutzengel jenes Mittlers kennengelernt haben, der im dritten Band aus der Reihe „Lebensdimensionen" seine Erlebnisse mit den Engeln Gottes schildert. In einer medialen Kundgabe möchte uns Emanuel Erscheinungen und Botschaften Mutter Mariens näherbringen und deren geistigen Sinn klarmachen.

Zur Erleichterung des Verständnisses für gewisse Besonderheiten medialer Kundgaben sind im Anschluss an die Kundgabe von Emanuel ergänzende geistwissenschaftliche Erläuterungen angeführt zu einzelnen Wortausdrücken, die für manche Leser vielleicht ungewohnt klingen mögen, sowie vertiefende Kommentare zu verschiedenen Textstellen.

Über die Erscheinungen von Mutter Maria

(mediale Kundgabe des Gottesboten Emanuel[4])

„Gott zum Gruß, liebe Geschwister, Gott zum Gruß, liebe Helfer Christi und unsere Helfer auf Erden!

Liebe Geschwister! Mein diesmaliger Auftrag, den ich von einem höheren leitenden Geistwesen erhalten habe, besteht darin, euch Erscheinungen und Offenbarungen Mutter Mariens näherzubringen und den Sinn dieser Erscheinungen klarzumachen, so gut dies eben in eurer Sprache möglich ist.

Ich bediene mich dazu der Überlieferungen, die die Mittelspersonen – meistens waren es ja Kinder, denen Erscheinungen zuteilwurden – an die Umwelt weitergegeben haben, aber auch geistiger Einblicke darüber, was Mutter Maria damit bezwecken wollte.

Wenn ihr in den Überlieferungen nachleset und das eine oder andere dort nicht findet, dann war es eben meine Aufgabe, das, was damals nicht weitergegeben werden konnte, zu ergänzen, geistig auszulegen und euch damit die Möglichkeit zu bieten, die wenigen Erdenjahre, die euch noch bleiben, zu einem klaren Erfolg für euer zukünftiges geistiges Leben zu nützen.

Die Säule – so möchte ich es ausdrücken – meiner geistigen Durchgaben wird die Mutter Jesu, Maria, sein. Ihre Erscheinungen werde ich in einer größeren Anzahl übermitteln und mit euch besprechen. Eine Durchgabe bezweckt ja, dass die Empfänger davon Nutzen haben sollen. Dieser Nutzen soll euren Glauben an Gott und das Vertrauen auf die Botschaften, die euch gegeben werden, festigen und damit in eurem täglichen Leben ein Fundament dafür zu bilden helfen, dass ihr die Periode der Endzeit im Willen Gottes zu eurem Heile überstehen möget. Ihr werdet weiterleben, in welcher Form auch immer. Das sollte euch bereits Gewissheit sein! Die Form ist nicht entscheidend, sondern das Bewusstsein.

Aus Mutterliebe

So möchte ich mit einem kleinen Gedanken, den ich ausdehnen will, beginnen: Ein Teil der Fürsorge Gottes seinen Kindern gegenüber ist immer, dass er seine Liebe zu erkennen gibt. Diese Vaterliebe wirkt sich, da sie eine universelle Liebe ist, bei euch Erdenmenschen auch als Mutterliebe aus. Diese Mutterliebe ist es, die in allen Bekenntnissen dieser Erde mehr oder weniger enthalten ist.

Die Mutterliebe gegenüber euch Menschen wird verkörpert durch die Mutter Jesu, Maria, denn sie nahm euch ja als geistige Mutter an. Ihre Aufgabe ist es, gemeinsam mit Christus die Kinder des Vaters zu sammeln, damit keines verloren gehe.

Wenn wir das betrachten, erkennen wir daraus, dass sich Gott, der die universelle Liebe ist, sehr wohl um die Menschheit kümmert und in seiner Liebe die Verbindungen zu seinen Kindern auf Erden herstellt. So geschieht es seit etwa 160 Jahren immer öfter durch die Anwesenheit Mutter Mariens auf Erden. [Es ist zu berücksichtigen, dass diese Kundgabe aus dem Jahr 1988 stammt.]

Immer wenn der Menschheit schwierige Zeiten bevorstehen, ist ihr die göttliche Liebe sehr nahe, besonders im Aspekt der Mutterliebe, ausgedrückt durch die Erscheinungen und Botschaften von Mutter Maria.

Ich sagte, seit ungefähr 160 Jahren. Was ist da Besonderes daran? Damals, im Jahre 1830, begannen die Botschaften durch Cathérine Labouré in Paris. Und damals begann Mutter Maria bereits von der Endzeit zu sprechen. Wer von euch weiß das? Ihre Durchgaben deuteten bereits darauf hin!

Je näher die Zeit dem Wendepunkt entgegenreift, umso mahnender, umso mütterlicher und umso intensiver werden ihre Erscheinungen, ich möchte sagen, wird ihre Anwesenheit auf dieser Erde.

1846 wiederholte Mutter Maria diese Ermahnungen an die Menschheit zur Bekehrung, zum Buße-Tun, also zur Gesinnungsänderung, zu einem Gott wohlgefälligen Leben in La Salette.

1858 gab es schon eine stärkere Sprache Mutter Mariens in der Grotte von Massabielle bei Lourdes, und Bernadette gab diese Durchgaben, wie sie ihr gesagt wurden, weiter.

Ihr seht daraus, dass es nichts Neues ist, aber die Mahnungen Mutter Mariens, die sie heute oder in unmittelbar vergangener Zeit gebracht hat, sind den früheren Mahnungen gegenüber doch eindringlicher, stärker, kräftiger und intensiver geworden, besonders in Fatima 1917.

Ich will nun bewusst einige aus der großen Zahl der Erscheinungen auswählen, die euch zu denken geben sollen und aus denen ihr den Beweis schöpfen könnt, dass meine eingangs gesagten Worte der Wahrheit entsprechen: Immer, wenn die Zeit sehr ernst und kritisch auf dieser Erde wird, ist Mutter Maria mit ihren Erscheinungen ihren Menschenkindern sehr, sehr nahe.

Ich führe an die Erscheinungen in den Jahren 1945 bis 1950 in Amsterdam, 1947 in Tre Fontane, Rom, 1953 in Syrakus, 1954 in Vittoria, Sizilien, 1961 in San Damiano (bei Piacenza), 1961 bis 1965 in San Sebastián de Garabandal und schließlich seit 1981 bis heute in Medjugorje.

Liebe Geschwister, ich habe nur eine kleine Auswahl gebracht, denn es gibt noch eine Reihe von Erscheinungsorten, die ich nicht aufgezählt habe. Auch gibt es sehr viele Erscheinungen Mutter Mariens von persönlicher Art, wo diejenigen, die die Erscheinung sahen und die Botschaften empfingen – ich will vorsichtig sein mit meinem Ausdruck – nicht fähig waren, der Menschheit diese Erscheinungen und Botschaften weiterzugeben. Die lieben Geschwister haben das mit ihrem Gewissen, wie die Menschen sagen, zu verantworten. Aber es sind sehr, sehr viele Erscheinungen.

Die Mahnungen, die Mutter Maria an ihre Kinder weitergibt, sind, wie eingangs gesagt, Mahnungen zur Gesinnungsänderung: ‚Tuet Buße, ändert eure Gesinnung, lebet ein gottgefälliges Leben! Lebet ein Leben der Gottesliebe und der Nächstenliebe!‘ Das sind die Inhalte, die in verschiedenen Wortformen allen Mittlern weitergegeben worden sind.

Zwei Beispiele für die Befolgung bzw. Nicht-Befolgung geistiger Botschaften

Ich komme nun zu den Erlebnissen zweier Propheten, an denen ihr erkennen sollt, wie sich das im Geistigen verwirklicht auf Erden.

Der Prophet Jona hatte von Gott den folgenden Auftrag erhalten: ‚Geh nach Ninive und sag seinen Bewohnern, ihnen stehe ein großes Strafgericht bevor, denn sie leben ein von Gott abgewandtes sündhaftes Leben!‘

Jona tat das nur widerwillig, aber er tat, was der Auftrag Gottes von ihm forderte. Das gesamte Volk der Stadt Ninive und selbst der König taten Buße. Sie ließen ab vom ausschweifenden Leben und bekehrten sich. Die erbarmende Liebe und Hilfe Gottes zog das Strafgericht zurück und Ninive wurde verschont. (vgl. „Das Buch Jona") Dies ist ein Beispiel von der positiven Seite.

Ein Beispiel von der negativen Seite ist Sodom und Gomorrha. In diese Städte wurde ein anderer Prophet gesandt, nämlich Abraham. Dieser hatte den gleichen Auftrag, denn die furchtbare Sündenlast und Gottlosigkeit, der Abfall von Gott war durch Satan bewirkt worden. Allein die Bewohner der beiden

Städte wiesen Abraham aus und wollten von ihm überhaupt nichts wissen. Das Endergebnis: Es geschah, wie Abraham es ihnen prophezeit hatte. (vgl. Gen 18,16; 19 ff.)

Mit diesen zwei Beispielen, liebe Geschwister, will ich euch aufzeigen, dass die Menschheit ihre Zukunft doch wesentlich bestimmen kann. Was verlangt Mutter Maria? Die Bekehrung zu Gott, ein Gott wohlgefälliges Leben! Dann kann ein Großteil der angekündigten Schwernisse von der Menschheit abgewendet werden. Die kosmische Verwandlung der Erde kann von der Menschheit zwar nicht verhindert werden, aber einen leichteren, reiferen und auch schöneren Übergang könnte die Menschheit erleben. Es liegt also sehr viel im Menschenbewusstsein, und das wollte ich euch klarmachen.

Maria und die Schlange – Gut und Böse

Nun komme ich auf etwas sehr Schönes zu sprechen, nämlich auf etwas, das Mutter Maria so richtig in das Blickfeld ihrer mütterlichen Liebe zur Menschheit bzw. zur ganzen gefallenen Schöpfung stellt.

In der Genesis steht bereits geschrieben: ‚Ich will Feindschaft setzen zwischen dir [gemeint ist die Schlange als Symbol für Satan] und der Frau [gemeint ist Mutter Maria], zwischen deinem Spross und ihrem Spross. Du wirst seiner Ferse nachstellen, und er wird dir den Kopf zertreten.‘ (vgl. Gen 3,15) [Dieser Ausspruch hebt sich vom übrigen Text ab und ist daher nicht auf „Eva" zu beziehen.]

Liebe Geschwister, welcher Zeit auf Erden ihr die in der Genesis geschilderten Geschehnisse mit eurem Verstand auch zuordnet, sie ist falsch, das sage ich euch gleich. Die Genesis wurde nicht für die Erde allein gegeben, sondern bezieht sich auf die ganze gefallene Schöpfung. Der geistige Abfall liegt sehr, sehr weit zurück, eine Zeit, von der ihr keine Ahnung habt und die sich auch in Äonen nicht ausdrücken lässt. [Unter einem Äon versteht man einen unvorstellbar langen, aber endlich begrenzten, nicht ewigen Zeitraum.]

Wie ihr durch unsere Belehrung wisst, ist die geistige Schöpfung die Urschöpfung, und erst durch den Abfall entstand die materielle Schöpfung. Doch schon vor Urzeiten, ich kann keine Jahreszahl nennen, entstand im Heils- und Befreiungsplan dieser Ausspruch Gottes. Maria, die Mutter Jesu, hält sich daran! So seht ihr diese Dimension der Wahrheit, die ihr erfahren könnt.

Noch ein zweites schönes Bild will ich euch vor Augen stellen von Mutter Maria. Es ist eine der schönsten Darstellungen von Mutter Jesu, Maria, die den Menschenkindern gegeben werden konnte, und Johannes schaute sie in seiner Offenbarung. Dort steht geschrieben:

‚Ich sah am Himmel erscheinen eine wunderschöne Frau in der Sonne, mit Sonnenlicht umkleidet, den Mond zu ihren Füßen. Um ihr Haupt hatte sie eine Krone mit zwölf leuchtenden Sternen. Aber ich sah noch ein Bild‘, fügte Johannes hinzu. ‚Dieses war das Bild eines großen roten Drachens.‘

Die Offenbarung besagt weiter – und das ist das Erfreulichste für die Menschheit, besonders für die Menschheit, die jetzt auf Erden lebt –, dass der Drache, die Schlange im Kampf unterliegen wird. (vgl. Offb 12) Maria und die Schlange sind Symbole geworden für Gut und Böse.

Liebe Geschwister, wenn wir das so betrachten, dann ist es doch eigenartig, dass vor ungefähr 160 Jahren die Erscheinung Mutter Mariens in Paris zum Inhalt hatte: ‚Bekehret euch, tuet Buße, ändert eure Gesinnung!‘

Warum? Jetzt kommen wir wieder zum Heils- und Befreiungsplan Gottes: Weil ein geistiger Plan besteht, damals wie heute, dass die gefährdeten Geistseelen in dieser Zeitperiode bis zur Endzeit inkarniert werden, damit sie sich auf Erden noch bessern können. So ist es ja auch geschehen, aber wer weiß das?

Eine Inkarnation ist nicht zufällig. Es gibt keinen Zufall, alles ist bei Gott in seiner Ordnung geregelt. Er gibt bei Versagen der gefährdeten Seelen durch schwere Verfehlungen noch einmal die Möglichkeit zur Inkarnation innerhalb dieser Zeitspanne von etwa 160 Jahren und darüber hinaus bis zum Ende dieser Zeitperiode. Das ist der geistige Hintergrund, warum Mutter Maria so zeitig mit ihren Ermahnungen begonnen hat.

Die Erscheinungen von La Salette

Nun komme ich auf eine Einzelerscheinung zu sprechen. Ich habe sie mir wohl ausgewählt, damit ihr ein Bild von den Erscheinungen und von den Botschaften Mutter Mariens bekommt: die Erscheinungen von La Salette. Ich kann nur Teilauszüge bringen und habe daher wesentliche Punkte ausgesucht, die nicht persönlicher Art sind.

Maximin war damals elf Jahre und Melanie fünfzehn Jahre. Sie erhielten persönliche Botschaften Mutter Mariens für sich, für ihre Eltern und Verwandten, aber auch für die damals in den Priesterstand eingekleideten Brüder. Wenn wir das betrachten, so ist das Persönliche bereits vergangen, ebenso das Zeitliche ihrer Lebenszeit und der all jener, an die die Botschaften von Mutter Maria gerichtet waren. Auch die Mahnungen an die damals lebenden Menschen sind vergangen und die Katastrophen sind eingetreten, ja sie treten laufend ein!

Aber eines gehört noch nicht der Vergangenheit an: nämlich die Prophezeiungen Mutter Mariens bezüglich der Endzeit, in der ihr jetzt auf Erden inkarniert seid. Davon habe ich einige zum besseren Verständnis für euch ausgewählt.

Eine geistige Aufklärung zum Begriff „Muttergottes"

Vorerst noch einiges zu eurer Aufklärung. Die Mutter Jesu wird in verschiedenen Bekenntnissen als sogenannte „Muttergottes" angesprochen, und die Kinder gaben es so wieder. Ich bekenne mich nicht dazu, weil es nicht der Wahrheit entspricht.

Ich erkläre euch auch, warum: Gott kann keine Mutter haben, denn damit wäre ja die Muttergottes größer als Gott, sie wäre geistig älter! Wenn man weiters Christus in diesen Bekenntnissen zu Gott stempelt, so entspricht auch das nicht der Wahrheit, denn es gibt nur einen Gott, und dieser eine Gott ist Vater- und Mutterprinzip aller seiner Schöpfungen. Das ist meine Überzeugung, und aus dieser Überzeugung will ich euch die Wahrheit weitergeben. Es ist absolute Wahrheit, die trotz vieler Spitzfindigkeiten nicht verändert werden kann.

Es war der 19. September 1846. Maximin und Melanie hüteten die Kühe auf einer Bergweide oberhalb von La Salette, nahe bei Grenoble. Sie saßen am Rande einer Quelle, wo zum Schutz des reinen Wassers Felsen und Steine aufgeschüttet waren. Dort nahmen sie ihr kärgliches Mittagessen ein, das aus Brot und Käse bestand. Zu trinken hatten sie entweder Wasser von der Quelle oder Milch.

Als sie so beim Essen saßen, kam plötzlich aus der Höhe eine große leuchtende Lichtkugel auf sie zu. Vor Schreck ließen sie alles fallen und rannten in eine Entfernung, wo sie glaubten sicher zu sein, denn sie waren der Meinung, die Sonne falle vom Himmel. Die leuchtende Kugel ließ sich in der Nähe der Quelle nieder.

Bei intensivem Hinschauen gewahrten sie, dass sich die Lichtkugel öffnete und eine strahlend schöne Frau, bekränzt mit herrlichen Blumen, heraustrat. Sie setzte sich auf die Steine bei der Quelle, die Ellbogen auf ihre Knie gestützt, das Gesicht mit den Händen verhaltend. Die Kinder hatten das Gefühl – denn sie nahmen die Schwingung wahr –, dass diese wunderschöne Frau trauere.

Sie sprach zu ihnen, doch in ihrer Bestürzung und Angst konnten sie zwar deren Stimme hören, aber nicht aufnehmen, was ihnen die schöne Frau sagte. Deshalb musste die schöne Frau wiederholt zu ihnen kommen. Sie gab bei späteren Erscheinungen ihre Identität bekannt, und die Kinder nannten sie „die Muttergottes".

Mutter Maria wiederholte ihre Botschaften an die Kinder zwecks Veröffentlichung an die Menschheit. Sie mahnte zur Bekehrung, zur Umkehr zu Gott, zur Gesinnungsänderung, zu gottgefälligem, gott- und nächstenliebendem Leben. Diese Aufforderung Mutter Mariens zieht sich wie ein roter Faden durch alles, was Mutter Maria an Erscheinungen und Botschaften auf Erden gegeben hat.

Das ist das Grundprinzip: Zurück zu Gott! Das ist auch das Grundprinzip des Heils- und Befreiungsplanes: Alle von Gott Abgefallenen zurück zu Gott! Gott scheut keine Mittel und keine Kraft, um seine Kinder wieder bei sich zu haben.

Einige Endzeit-Prophezeiungen Mutter Mariens in La Salette

Ich habe euch schon berichtet von den zeitlichen und persönlichen Botschaften an die Kinder, an die Eltern, an die Priester. Nun berichte ich euch über endzeitliche, also für euer irdisches Dasein wichtige Botschaften, die Mutter Maria in La Salette den Kindern gab.

Bei Botschaften und geistigen Offenbarungen steht immer ein geistiger Sinn dahinter. Das sollte euch Geistchristen doch schon längst zu Bewusstsein gekommen sein! Nicht in den Tag hineinzuleben, sondern den geistigen Sinn deines Lebens zu erfassen, das ist deine Aufgabe – näher zu Gott!

Ich habe wahllos einige Botschaften herausgegriffen, damit ihr wieder Beweise dafür habet, dass sich die Situation zuspitzt.

Eine Botschaft von damals – bedenket, 1846 – ist: ‚Die Natur wird nach Rache rufen wegen der vielen Schädigungen durch die Menschheit, die diese ihr angetan hat. Die Katastrophen, welche die Natur auslösen wird, werden die Menschen äußerlich, aber auch innerlich erzittern lassen!'

Eine weitere Botschaft: ‚Die Jahreszeiten werden sich ändern, die Erde wird ein leicht rötliches Licht ausstrahlen. Es werden Erdbeben auftreten, Orkane, wodurch die Menschen in Angst und Schrecken versetzt werden.'

Eine weitere Botschaft schließe ich gleich an: ‚Über der Menschheit und besonders in der Luft wird ein arges Getöse entstehen. Die Menschen werden dem Wahnsinn nahe sein und ein Insektenregen wird vom Himmel auf die Erde herabkommen. Wasser und Feuer werden viele Städte und Landstriche versinken lassen.'

Noch eine Botschaft will ich bringen: ‚Der Abgrund der Erde wird sich auftun und der König der Finsternis wird aus diesem Schlund heraufsteigen mit seinem Gefolge. Er wird sich in die Lüfte erheben, denn in seinem Hochmut will er den Himmel stürmen. Doch Erzengel Michael hält dessen Drange stand, und in dem Kampfe, der drei Tage dauern wird, wird sich die Erde verfinstern und es wird ganz finster sein. Die Erde wird aus den Fugen geraten, aber Satan wird mit seinen Heerscharen zurück in die Tiefe müssen. Alle Überheblichkeiten, seien sie satanischer oder menschlicher Art, werden durch Feuer und Wasser von der Erde gereinigt und alles wird erneuert werden.'

Liebe Geschwister, mit diesen Botschaften an euch – bedenket, sie sind 1846 Maximin und Melanie in La Salette gegeben worden – möchte ich euch dem Schutze Mutter Mariens empfehlen, der Liebe Gottes und der Hilfe Christi! Gott zum Gruß! Emanuel"

Erläuterungen und Kommentare
zur Kundgabe von Emanuel

Mag die Kundgabe von Emanuel – gleich an den Anfang dieses Abschnittes gestellt – vielleicht eine gewisse Herausforderung an die Aufnahmefähigkeit und Verständnisbereitschaft mancher Leser darstellen, was verschiedene Besonderheiten in der sprachlichen Ausdrucksweise und vom geistigen Inhalt her anbelangt, so werden im Folgenden dazu einige aufklärende Erläuterungen und Kommentare aus geistwissenschaftlicher Sicht angeboten.

Begrüßung und Anrede in der geistigen Welt

„Gott zum Gruß!" ist nicht nur der im lichten Jenseits übliche hochschwingende Gruß, sondern dieser Gruß wird auch stets mit der ihm gebührenden Achtung und Haltung zum Ausdruck gebracht, nämlich in Ehrerbietung gegenüber dem Gottesfunken im anderen. Dieser Gottesfunke zeichnet ja uns alle als Kinder Gottes aus. Und als solche Gottesfunkenträger werden wir Erdenmenschen von Emanuel und anderen Gottesboten ebenfalls so begrüßt.

In früheren Zeiten war dieser Gruß auch unter den Menschen noch durchaus üblich – ob im Bewusstsein dessen geistiger Bedeutung oder mehr nur aus Gewohnheit sei dahingestellt. Daraus wurde im Laufe der Zeit ein immer noch hochschwingendes „Grüß Gott!", das heutzutage leider auch immer seltener zu hören ist. Dafür wünscht man einander jetzt einen „Guten Tag", wobei dieses immerhin gut gemeinte „gut" mitunter schon wieder wegrationalisiert wird und der Gruß sich somit reduziert auf ein kühles „Tag". Von überall her schallt es hingegen umso öfter „Hallo" oder nur mehr „Hi" …

Spiegelt sich in unseren irdischen Begrüßungen etwa auch die Gesinnung der Erdenmenschen wider? Eine schwellende Kopflastigkeit bei schwindender Herzenswärme, eine mehr und mehr zunehmende Entfernung bzw. Entfremdung vom Schöpfer? Sind sich die Menschen dessen bewusst?

Wenn der Gottesbote Emanuel in seiner Kundgabe die damaligen Zuhörer und die jetzigen Leser als „liebe Geschwister" anspricht, so nimmt er mit dieser vertrauten Anrede auch Bezug auf unsere Gotteskindschaft. Alle sind wir nämlich Kinder Gottes, geliebte Kinder unseres himmlischen Vaters, und somit untereinander Geschwister, Geistgeschwister. Der Gottesbote Hardus wiederum spricht uns in seiner medialen Kundgabe über eine Vision von der Umgestaltung der Erde [siehe Seite 117ff.] als „vielgeliebte Seelchen" an.

Wie zeigt sich Mutter Maria in ihren Erscheinungen?

In der Art und Weise, wie Mutter Maria sich in ihren Erscheinungen zeigt und in ihren Botschaften ausdrückt, nimmt sie stets Rücksicht auf die jeweiligen Empfänger und Zuhörer und deren konfessionelle Einstellungen, kulturelle Prägungen, verschiedene persönliche Vorstellungen und Erwartungshaltungen usw.

So wird sie sich europäischen Sehern anders zeigen als schwarzafrikanischen oder lateinamerikanischen, wie sie ja auch in Form und Ausdruck von Madonnenstatuen unterschiedlicher Völker recht unterschiedlich zur Darstellung kommt. Wie Maria, in ihrem Erdenleben dem jüdischen Volk zugehörig, tatsächlich ausgesehen hat, wissen wir nicht. Und ihre wahre geistige Gestalt können wir uns als Erdenmenschen ohnehin nicht vorstellen und könnten wir mit unseren irdischen Augen auch gar nicht wahrnehmen.

Engel haben keine Flügel

Ähnliches ist auch zutreffend für Engelerscheinungen, bei denen die sich zeigenden Engel ebenso die entsprechenden Vorstellungen und Erwartungshaltungen der Erdenmenschen berücksichtigen und diesen entgegenkommen. In wessen Vorstellung ein Engel Flügel haben muss, um als Engel überhaupt erkannt und vor allem anerkannt werden zu können, dem wird sich ein von Christus dazu beauftragter Engel Gottes eben mit Flügeln zeigen, obwohl er vom Schöpfer her keine Flügel hat. Der geistigen Wahrheit entsprechend haben Engel nämlich keine Flügel.

Ein weiteres Beispiel in Analogie dazu ist das Erscheinen von ehemaligen bereits ins lichte Jenseits hinübergewechselten Angehörigen in den letzten Lebensphasen eines Erdenmenschen, am Sterbebett oder auch erst nach dem Hinübergang. Jene Vorausgegangenen zeigen sich dabei dem ins Jenseits Hinüberwechselnden stets so, wie sie selbst als Erdenmenschen ausgesehen haben – sonst würde der Erdenmensch sie ja gar nicht wiedererkennen können –, obwohl sie sich in der Zwischenzeit im Jenseits ja weiterentwickelt und eine völlig andere Gestalt haben.

Wie drückt sich Mutter Maria in ihren Botschaften aus?

Wie bereits bei ihren Erscheinungen erwähnt, nimmt Mutter Maria auch bei ihren Botschaften in der Art und Weise, wie sie sich kundgibt, stets Rücksicht auf die Seher und deren persönliche konfessionelle Einstellungen. Dabei verwendet sie naturgemäß Begriffe, die ihnen sowie den Zuhörern vertraut sind. Und wenn Mutter Maria sich bevorzugt bei Menschen mit katholischer Glaubenseinstellung kundgibt, so bietet die dort gepflogene Marienverehrung ihr günstige Gelegenheiten dafür, ohne jedoch irgendwen bevorzugen zu wollen. Alle Erdenmenschen sind ihr gleich lieb, ob diese sie nun kennen oder nicht, verehren oder nicht, lieben oder nicht. Sie liebt sie alle gleich, alle ihre Kinder, und will ihnen allen liebende Mutter sein.

Wer geistige Ohren hat zu hören, der höre!

Mag also die Ausdrucksweise in der einen oder anderen Botschaft von Mutter Maria auch so ähnlich klingen wie in katholischen Glaubensgemeinschaften üblich, so möge sich niemand daran stoßen oder Kritik üben. Geistige Offenbarungen gilt es nämlich nicht minutiös am irdischen Wortlaut zu messen, der durchaus vom jeweiligen Zeitgeist ein bisschen mitgefärbt sein kann, sondern in ihrem zeitlos gültigen geistigen Sinn zu erfassen, wodurch sie erst ihrem wahren Wert gerecht werden können.

Jesus hat doch auch seine Liebeslehre in Form von Gleichnissen verkündet, die abgestimmt waren auf die damaligen Lebensumstände seiner Jünger und des Volkes. Und noch in der Jetztzeit können wir so viel daraus herauslesen an Lebensrichtlinien und geistigen Orientierungshilfen für unsere heutigen Lebensumstände, und wie wir diese gottgewollt meistern können. So viel können wir daraus herauslesen, und erfahren doch nicht alles, da auch in geistigen Belehrungen manches nur ganz vorsichtig angedeutet werden kann, weil die Aufnahmebereitschaft, die Auffassungsfähigkeit für deutlichere Worte bei den Menschen (noch) fehlt, das geistige Verständnis. Und darum sagte ja Jesus des Öfteren: Wer geistige Ohren hat zu hören, der höre!

Die Geistpersönlichkeit Mutter Maria

Wer ist Mutter Maria aus geistiger Sicht? – Sie ist eine hohe Himmelsfürstin, dazu ausersehen und mit ihrem freien Willen dazu bereit, Christus, dem ersterschaffenen eingeborenen Sohn Gottes und von Gott gesalbten König über die gesamte Geisterwelt, im Heils- und Befreiungsplan des Schöpfers bei der Heimholung aller gefallenen Kinder Gottes als sogenannte Miterlöserin zur Seite zu stehen.

Zur Erfüllung dieser großen Aufgabe hat diese hohe Himmelsfürstin auch zugestimmt, in einer freiwilligen Liebesinkarnation Erdenmensch zu werden, und als Erdenmensch die Erdenmutter zu werden für Jesus, den Christus, in seiner ebenfalls freiwilligen Liebesinkarnation auf dieser Erde.

Und auch als einfacher bescheidener demütiger Erdenmensch Maria – ohne menschliche Rückerinnerung an ihre hohe Stellung in der geistigen Welt, wohlgemerkt, und ohne menschliche Rückerinnerung an ihr einst als Himmelsfürstin gegebenes Versprechen – wiederholte sie ihre seinerzeitige Zustimmung. Auf jene bedeutungsvolle Verkündigung von Erzengel Gabriel, dass sie den Sohn des Allerhöchsten gebären werde, bezeugte sie erneut ihre nun auch menschliche Bereitschaft, dass ihr als Magd des Herrn geschehen möge, wie er es gesagt hat. (vgl. Lk 1,26-38) Sie legte also auch als Erdenmensch ihren Willen ganz in den Willen des Schöpfers.

Und so ist Maria zur Erdenmutter von Jesus – dem inkarnierten Christus, dem eingeborenen Sohn Gottes – geworden und damit zur Mithelferin an seiner Seite auch im irdischen Teil seines Heils- und Befreiungswerkes. Jesus war also ihr Erdensohn. Maria war seine Erdenmutter, die Mutter Jesu, und nicht die Mutter Gottes!

Mutter Maria kann nicht die Mutter Gottes sein

Und noch einmal: Mutter Maria kann nicht die Mutter Gottes sein! In Ergänzung zu den geistigen Erläuterungen von Emanuel zur erwähnten weitverbreiteten konfessionellen Gepflogenheit, die Mutter Jesu nicht der geistigen Wahrheit entsprechend als Mutter Gottes („Muttergottes") anzusprechen, sei an dieser Stelle noch ein kurzer Nachtrag angefügt:

Schon in einer medialen Kundgabe aus dem Jahr 1865, welche über das begnadete Medium Adelma Vay durchgegeben wurde, äußerte sich Mutter Maria selbst in demutsvoller Weise darüber betrübt, dass man sie fälschlicherweise Muttergottes nenne: „Gott ohne Anfang und ohne Ende kann keine Mutter haben! Aber die Mutter Jesu, des abgesandten Sohnes Gottes, ja, die war ich vor der Welt. Und auch jetzt bin ich bei ihm, dem herrlichsten und höchsten aller erschaffenen Geistwesen."[5]

Daraus erhellt, dass Mutter Maria nicht nur in ihrer Erdeninkarnation an der Seite von Jesus helfend mitgewirkt hat im Heils- und Befreiungsplan Gottes, sondern darüber hinaus an der Seite von Christus als Miterlöserin es auch weiterhin tun wird bis zu dessen Erfüllung. Zeugnis davon geben ja auch ihre vielen Erscheinungen, Botschaften, Offenbarungen und Prophezeiungen für die Erdenmenschheit.

Nicht zuletzt hängt die Bezeichnung Muttergottes zusammen mit der ebenfalls noch immer weitverbreiteten konfessionellen Lehre, Gott und Christus seien als Wesenheit eins, also eine Geistpersönlichkeit, und Jesus sei somit der menschgewordene Gott gewesen. Doch nicht als Wesenheit, nicht als Geistpersönlichkeit sind der Schöpfer und Christus eins, wohl aber sind sie einig, gleichgeschaltet in der Gesinnung, im Willen und Wirken. Dazu sowie zu der damit einhergehenden weiteren konfessionellen Vorstellung von einem dreieinigen bzw. dreifaltigen Gott, einem Gott in drei Personen, in dem neben dem Vater und dem

Sohn noch der sogenannte Heilige Geist vereint wäre, eine weitere geistig unmissverständlich aufklärende

Erläuterung des Gottesboten Emanuel
(aus einer medialen Kundgabe[6])

„Nirgends in der Geschichte bestand ein vergleichbar inniges Verhältnis zwischen Vater und Sohn und hat ein Sohn so viel Wesentliches von seinem Vater gesprochen, das dann auch in der Überlieferung festgehalten wurde, als Jesus von seinem himmlischen Vater. Jesus erzählte nämlich viel über seinen himmlischen Vater, viel mehr, als euch überliefert wurde. Und er sprach intensiv über die Boten Gottes mit ihm. Denn der Vater sandte seine Boten zu ihm und Jesus erbat sich über die Boten Gottes immer wieder Hilfe von seinem „Abba". […]

Er erzählte, dass sein Vater alle Menschenkinder liebt, und sagte seinen Aposteln und Jüngern, dass Gott auch ihr Vater ist, nicht nur der seine. Und er erzählte ihnen weiter, wie sein Vater will, dass Jesus die Menschen nicht nur befreie, sondern auch heimführe. Infolgedessen war in Jesu Leben und Lehre sein himmlischer Vater der Mittelpunkt. Er brachte ja überhaupt erst diesen Begriff „Vater" in eure Erdenwelt, auf euren Sühne- und Bußplaneten, damit ihr das innige Verhältnis zu diesem unseren Vater aufbauen könnt.

Wenn Jesus sagte: ‚Mein Vater ist größer als ich', kann Jesus nur sein Geschöpf sein. Selbstverständlich wusste Jesus, wer er war, anfangs aber nicht. Als es ihm geoffenbart wurde, wusste er, dass er Christus, der eingeborene Sohn des lebendigen Gottes, seines Vaters ist. Und da wurde das Verhältnis noch inniger. Und Jesus sagte ausdrücklich: ‚Ich lehre euch nur das, was mir mein Vater durch die Boten Gottes eingibt.'

Und wenn Jesus der Sohn Gottes ist und Gott die allerhöchste Geistpersönlichkeit und das, was ihr den „Heiligen Geist" zu nennen pflegt, die Gesamtheit der rein gebliebenen und wieder rein gewordenen Geistwesen ist, wie kann es da einen Gott in drei Personen geben? Das ist einfach eine Unmöglichkeit. Keine monotheistische Glaubensgemeinschaft sagt so etwas. Nur die, die im Irrtum begriffen ist und aus Gott drei Personen macht.

Dies ist uns Boten Gottes unverständlich, weil es Unwahrheiten sind, und diese können wir nicht zur Kenntnis nehmen. Also der Vater ist und bleibt die Schöpferpersönlichkeit und der eine Gott. Und wer von euch könnte sagen, der Schöpfer kann sich teilen? Könnt ihr euch teilen in drei Teile?"

Menschliche Irrtümer und geistige Toleranz

Dennoch begegnet die geistige Welt diesen Irrtümern und auch vielen anderen konfessionellen Unstimmigkeiten mit großer Toleranz, ist es doch ihr vorrangiges Anliegen, die Menschheit aus der verhängnisvollen Gottferne und Gottlosigkeit zu befreien. Dieses Ziel vor Augen wird jede Glaubensgemeinschaft geistig unterstützt in ihrem Bemühen, die Menschen Gott, dem Schöpfer allen Seins, näher zu bringen, auch wenn manche Details ihrer sonstigen Lehrmeinungen nicht (ganz) der geistigen Wahrheit entsprechen.

Bedenken wir bei alledem, dass es stets der Gegensatz ist, der durch die Jahrhunderte hindurch bis heute das allergrößte Interesse daran hat, gerade in den Glaubensgemeinschaften, die sich redlich um die Verbreitung der Liebeslehre Jesu bemühen, so lange zu schüren und zu schüren und zu schüren, bis es ihm auf verschiedenste Art und Weise gelingt, die geistigen Wahrheiten zu verändern, zu verdrehen, zu verzerren, zu entstellen, zu verfälschen oder sie den Menschen ganz vorzuenthalten. Und das geschieht oft über Beeinflussung von geistig unwissenden Menschen, die „im guten Glauben" zu willfährigen Handlangern der Dunkelmächte werden, ohne sich der Tragweite ihres Tuns auch nur annähernd bewusst zu sein. Es sind wahrlich schlimme Giftpfeile, die der Widersacher auf kirchliche Autoritäten, Führungskräfte, Würdenträger abzielt, um ihnen ihre ohnehin schwindenden Schäfchen weiter abspenstig zu machen und somit noch mehr Menschen vom Glauben abzubringen.

Die Geisterwelt Gottes wird jedenfalls immer das Gute sehen, auch im ehrlichen Bemühen der Konfessionen um die gottgewollte Betreuung und Stützung gläubiger Menschen. Immer wird sie das Gottgewollte hervorheben und auf ihre Art und Weise stets ihre Mittel und Wege finden, um der einen oder anderen geistigen Wahrheit dann doch zum Durchbruch zu verhelfen – und dazu möge auch dieses Buch mitbeitragen. Ganz in diesem Sinne wollen diese geistwissenschaftlichen Erläuterungen nämlich verstanden sein – und nicht als Kritik.

Und niemand, der über seine Zugehörigkeit zu einer konfessionellen Glaubensgemeinschaft mit seinem Herzen in einem tiefen Gottesglauben verankert ist, möge sich dadurch in seinem Gottvertrauen verunsichern oder gar erschüttern lassen, sondern durch die geistigen Wahrheiten das Gottvertrauen stärken. Andererseits gilt es zu bedenken, dass der eine oder andere Angehörige jener Glaubensgemeinschaften gerade wegen solcher konfessionellen Irrtümer – die sich nicht nur beim Prüfen mit der Vernunft, sondern sogar im kritischen Verstandesdenken als Unstimmigkeiten, Ungereimtheiten oder Widersprüchlichkeiten zumindest erahnen lassen – auf einmal an allem zu zweifeln beginnen könnte …, in seinem Glauben wankend oder schwankend werden könnte … und womöglich das Kind mit dem Bade ausschüttet und sich ganz vom Schöpfer abwendet. Das will der Gegensatz, der Widersacher von Christus, und nicht Mutter Maria!

Zeitbegriffe – irdisch und geistig betrachtet

Eine wiederum ganz anders gelagerte Irrtumsmöglichkeit bei der Auslegung von Prophezeiungen Mutter Mariens bietet sich all jenen, die vermeintlich herausgehörte Zeitangaben nach rein menschlicher Vorstellung zu deuten versuchen. Wenn darin Ereignisse „in naher Zukunft" ankündigt werden, so ist zu bedenken, dass die geistige Zeitrechnung mit unseren irdischen Zeitbegriffen nicht übereinstimmt.

Wir leben auf dieser Erde in der Dreidimensionalität und unterliegen einem Zeitablauf, der für diese Erde Gültigkeit hat, im weiteren Sinn mit Bewegungen unseres Sonnensystems zusammenhängt. Das sind alles noch materielle Welten, die wir mit unseren irdischen Sinnen wahrnehmen können, wenngleich sie von unterschiedlicher Schwingungshöhe sind. Alles Höhere, Halbmaterielle, Fluidale, Geistige ist der sinnlichen Wahrnehmung von uns Menschen mit wenigen Ausnahmen verschlossen.

Für Zeitspannen im Rahmen einer unendlichen Schöpfung fehlt uns Erdenmenschen ohnehin das Vorstellungsvermögen, weil die einzelnen Abschnitte nach unserem Zeitsystem überhaupt nicht ausdrückbar sind. Erinnern wir uns des Ausspruchs: … dass bei dem Herrn ein Tag ist wie tausend Jahre und tausend Jahre wie ein Tag. (vgl. 2 Petr 3,8) Wenn nun in gewissen geistigen Kundgaben Begriffe Verwendung finden wie etwa „in Kürze", „bald" oder „rasch näherkommend" usw., so liegt das darin begründet, dass Boten Gottes im Allgemeinen nicht genau abschätzen können, in wie vielen Tagen, Monaten oder Jahren ein von ihnen in der jenseitigen Dimension vorausgesehenes Geschehen nach unserem irdischen Zeitablauf eintreten wird, da vieles auch vom freien Willen der Menschen abhängig ist.

Die geistige Welt sieht Bilder von Geschehnissen, welche auf die Menschheit, auf einen Planeten zukommen. Werden diese

Bilder immer deutlicher und klarer, so heißt es in den Kundgaben, es kommt „bald". Wie lange es jedoch braucht, bis dieses Bild materielle Wirklichkeit wird, kann kein verantwortungsbewusstes Geistwesen präzise voraussagen.

Dazu ein Beispiel: Den Angehörigen einer kleinen Urchristengemeinde in Siebenbürgen (Rumänien) wurde von der Geisterwelt Gottes einmal die für die damaligen Verhältnisse im ehemaligen Ostblock menschlich unvorstellbare Prophezeiung durchgeben, sie würden ganz unblutig, völlig frei, ohne irgendwelche Anstrengung – abgesehen von der persönlichen Wanderung – und ohne Schwierigkeiten mit der Grenzbehörde durch den Eisernen Vorhang gehen.

Es verging Jahr um Jahr. Die Menschen, denen dies gesagt worden war, wurden ungeduldig, wie es bei Menschen eben so der Fall ist. Aber die Prophezeiung trat tatsächlich ein, denn im Jahre 1956 öffnete sich in Ungarn der Eiserne Vorhang im Zuge des ungarischen Volksaufstandes. Kurz zuvor sind die besagten Urchristen von der Geisterwelt Gottes noch aufmerksam gemacht worden, sich zu rüsten, die Zeit wäre nahe. Und sie nützten die Prophezeiung, kamen völlig ungeschoren zunächst nach Österreich und zogen dann weiter nach Deutschland.

Was lernen wir daraus? Die Ungeduld ist eine äußerst ungünstige Angewohnheit unter den Menschen, geschürt von den Mächten der Finsternis. Denken wir nur an die Geduld, die der Schöpfer mit uns allen hat, und lernen wir von ihm diese Geduld! Und lernen wir des Weiteren aus diesem Beispiel: Wenn die Geisterwelt Gottes etwas sagt, dann kommt es! Nur den Zeitpunkt, den haben wir abzuwarten, und zwar in Geduld.

Wenn in früheren Zeiten Propheten ferne Ereignisse ankündigten, so rechneten manche damaligen Zeitgenossen damit, es werde noch zu ihren Lebzeiten geschehen. Doch viele, viele Jahrhunderte dauerte es z. B. von den ersten Prophezeiungen an bis zum Kommen des in Aussicht gestellten Messias, also bis zur Geburt Jesu Christi. Auch manche Jünger Jesu glaubten, seine von ihm selbst verheißene Wiederkehr (in geistiger, nicht irdischer Gestalt) werde noch zu ihren Lebzeiten erfolgen.

So gewöhnten sich die Menschen im Laufe der Jahrhunderte daran, Prophezeiungen von Ereignissen, die nicht sofort eingetreten sind, in die ferne Zukunft zu verlegen, wobei solche Voraussagen dann oft und oft der Vergessenheit anheimgefallen sind. Wie viele Menschen verschließen sich auch heute, in der Jetztzeit den Zeichen der nahenden Zeitenwende. Können oder wollen sie diese nicht wahrnehmen? Wie viele Menschen werden beim Eintreten der vorausgesagten Ereignisse dann mehr oder weniger unvorbereitet sein. Für wie viele Menschen wird Christus dann wohl tatsächlich wie ein Dieb in der Nacht kommen? (vgl. 1 Thess 5,2) Bitten und beten wir zu unserem himmlischen Vater, dass noch viele von ihnen den unermüdlichen Aufrufen von Mutter Maria zur Gesinnungsänderung und Umkehr Folge leisten mögen!

Über die geistige Verantwortung bei genauen Zeitangaben

Bestärkt werden so manche Menschen in ihrer leichtgläubigen Gesinnung, solche Prophezeiungen einfach zu übergehen und abzutun, noch durch das zweifelhafte Wirken selbst ernannter irregeleiteter Propheten, deren falsche Voraussagen sich nachweislich nicht erfüllt haben. So wurde zum Beispiel schon des Öfteren ein genaues Datum für den sogenannten „Weltuntergang" kolportiert, was wieder andere Menschen irregeführt, etliche aus Angst sogar in den Tod getrieben hat.

Der Herr der Tiefe forciert natürlich die Verbreitung von solchen Gerüchten, die dann doch nicht eintreten, um die Menschen in trügerischer Sicherheit zu wiegen oder sie in Hinkunft misstrauisch zu machen gegenüber jeder Art von wahren Botschaften, leider auch gegenüber jenen von Mutter Maria. Dass jedoch Voraussagen von Mutter Maria eintreffen, sehen wir an den bereits erfüllten oder sich gerade erfüllenden Prophezeiungen. Wie wenige Menschen sind es aber nur, die z. B. durch die Kunde vom „dritten Geheimnis von Fatima" [siehe Seite 59 ff.] oder von den Prophezeiungen in Garabandal [siehe Seite 71 ff.] in ihrer Seele aufgerüttelt wurden und dafür dankbar sind!

Aus immer deutlicher werdenden Hinweisen in vielen geistigen Kundgaben erhellt, dass dieses „bald" für den „Anfang vom Ende dieser Zeitepoche" und damit den Beginn einer neuen Zeitepoche nun allmählich tatsächlich in greifbare Nähe rückt. Bei alledem möge aber nicht vergessen werden, dass durch den freien Willen der Menschen, durch positives oder negatives, also gottgewolltes oder nichtgottgewolltes Tun die Möglichkeit besteht, diese Zeitspanne zu verkürzen oder zu verlängern.

So wurde auf besondere Fürsprache von Mutter Maria der Erdenmenschheit in dieser Zeitepoche vom Schöpfer bereits ein Aufschub gewährt. Allein daraus ist ersichtlich, dass die lichte geistige Welt keinen genauen Zeitpunkt für das Eintreten gewisser Ereignisse voraussagen wird. Dieser Aufschub soll dazu dienen, dass noch viele Menschen ihre Gesinnung zum Gottgewollten ändern und aus der Gottferne zurückkehren mögen. Erkennen wir daraus unsere Chance, die uns verbleibende Zeit bestmöglich zu unserer Seelenreifung zu nützen und unsere geistigen Anstrengungen zu vervielfachen, um jederzeit für den Tag X – wann immer er sein mag – gerüstet zu sein.

Weder ist es notwendig noch wäre es zweckmäßig, ein genaues Datum für diesen Tag X zu wissen, wie ein Schüler beim Eintritt in die erste Klasse des Gymnasiums ja auch nicht das genaue Datum der Matura erfährt. Wohl aber weiß er und sollte sich dessen auch bewusst sein, dass er den Schulabschluss nur dann schaffen kann, wenn er sich den Lehrstoff jedes Schuljahres gewissenhaft erarbeitet und so durch alle acht Schuljahre hindurch auf die Matura pflichtgetreu vorbereitet. Und wenn er das getan hat, eröffnet ihm die – an welchem Tag auch immer – bestandene Matura weitere Aufstiegswege.

Wandelzeit – Wendezeit – Endzeit

Was verstehen wir eigentlich unter den Begriffen „Endzeit" oder „Endzeitperiode", wie sie auch in den Prophezeiungen von Mutter Maria immer häufiger verwendet werden?

Es ist nach der kosmischen Uhr (wieder einmal) das Ende, die Endphase eines kosmischen Zeitalters angebrochen. Das kosmische Fische-Zeitalter, als dessen Höhepunkt Christus in irdischer Gestalt als Jesus von Nazareth auf diese Erde gekommen ist, geht fließend, schwingend über in das vergeistigtere Wassermann-Zeitalter, dessen Höhepunkt wieder das Erscheinen von Christus auf dieser Erde sein wird. Allerdings wird diese seine Wiederkunft in geistiger Gestalt stattfinden und nicht als Erdenmensch. Und in so einer Übergangsphase zwischen zwei Zeitaltern befinden wir uns gerade wieder einmal auf dieser Erde.

Diesmal handelt es sich aber um eine ganz besondere Übergangsphase bzw. um eine ganz besondere Endzeitperiode eines zu Ende gehenden kosmischen Zeitalters, und dazu bedarf es weiterer geistwissenschaftlicher Erläuterungen.

Alles wird in Zukunft wieder vergeistigt werden …

Die Schaffung von materiellen Sonnensystemen und Planetenwelten war eine notwendige Folge des Abfalls so vieler Geistwesen von Gott. Je nach ihrer mehr oder weniger dichtstofflichen Ausgestaltung dienen sie jetzt als vorübergehende Heimstätte für jene Geistwesen, die für ihren geistigen Wiederaufstieg gemäß ihrer geistseelischen Entwicklung einer Inkarnation in einem mehr oder weniger grobstofflichen Körper bedürfen. Je höher die persönliche geistseelische Entwicklung, auf einem umso höher schwingenden Planeten kann eine Inkarnation in dementsprechend feinerer Einkleidung erfolgen.

Nun unterstehen sowohl die Sonnen und Planeten als auch die Geistwesen und Menschen den geistigen Gesetzen des Fortschritts, denn letztendlich muss alles Materielle, Dichtstoffliche wieder vergeistigt werden. Und so wird auch unsere derzeitige Lebensebene Erde – die uns Erdenmenschen über Jahrhunderttausende nach irdischer Zeitrechnung als Sühneplanet für notwendige wiederholte Einverleibungen zu unserer geistseelischen Höherentwicklung diente bzw. dienen hätte sollen – eine Verwandlung erfahren, eine Höherschwingung, eine Höherpotenzierung: Es wird das dichtstoffliche Materielle eine Vergeistigung erfahren, und zwar zur Halbmaterie. Bald, in naher Zukunft.

… in Harmonie …

Als Vorbereitung darauf hätten wir in unseren wiederholten Erdeninkarnationen diese vielen Gelegenheiten zu unserer kontinuierlichen harmonischen geistseelischen Höherentwicklung nützen sollen. Und solcherart hätten wir auch mit dazu beitragen sollen, dass Mutter Erde ihren eigenen Höherentwicklungsprozess ebenfalls kontinuierlich harmonisch vollziehen hätte können. So wäre es nämlich gesetzmäßig vorgesehen und dementsprechend auch möglich.

Doch blicken wir nur hinaus in die Erdenwelt und fragen wir uns: Wie steht es wirklich um die geistseelische Entwicklung von uns Menschen? Haben wir tatsächlich die geistseelische Entwicklungsstufe erreichen können, wie es auf diesem grobstofflichen Sühneplaneten vorgesehen wäre?

Das rein irdische, materielle, mechanistische, technische, intellektuelle Verstandesdenken, ja, das hat die Erdenmenschheit weiterentwickelt, sogar kontinuierlich weiterentwickelt, keine Frage. Allerdings hat sie es durch Beeinflussungen der Mächte der Finsternis hochgezüchtet, zu hoch, jedenfalls zu einseitig, zu egoistisch, zu lieblos. Wo aber ist das Denken mit der gottgegebenen Vernunft geblieben? Und wo das Handeln in der tätigen Nächstenliebe? Wo der Gottesglaube? Der Einsatz unseres freien Willens für das Gottgewollte zum Wohle von allen und allem? Die Erfüllung unserer Lebensaufgabe Seelenreifung? Unsere kontinuierliche harmonische geistseelische Höherentwicklung? Blicken wir noch einmal hinaus in die Erdenwelt und fragen wir uns: Wo?!

… oder nicht in Harmonie

Wer aber nicht in den göttlichen Gesetzen aufsteigend mitrotieren will, sondern sich mit seinem freien Willen dagegen sträubt, für den werden weder die göttlichen Gesetze abgeändert, noch wird er für sein Tun vom Schöpfer bestraft, sondern er erfährt und erlebt ganz einfach die gesetzmäßigen Wirkungen der von ihm selbst gelegten Ursachen. Und da sich die Erdenmenschheit nicht kontinuierlich harmonisch geistseelisch höherentwickelt hat und somit auch nicht zu einer harmonischen Höherentwicklung des Erdenplaneten mitbeigetragen hat, wird diese Umschwingung der Erde sich auch nicht in Harmonie vollziehen können, wie es aus geistiger Sicht in der gottgewollten Vorsehung möglich gewesen wäre. Ähnliches zu Ähnlichem. Aber die Höherpotenzierung der Erde kommt. Gesetzmäßig.

Blicken wir ein weiteres Mal hinaus in die Erdenwelt und fragen wir uns angesichts des zügellosen ausschweifenden gottlosen Treibens sowie des jämmerlichen Zustandes des Erdenplaneten: Sind wir da nicht schon mitten in dieser leider nicht harmonisch verlaufenden Endzeitperiode, mit gar nicht mehr zu übersehenden verheerenden und vernichtenden Auswirkungen auf Seele und Körper der Menschen und auf Mutter Erde? In dieser Zuspitzung auf eine nicht nur nicht harmonische, sondern dramatische Umwandlung, Umschwingung, Höherpotenzierung? Wobei einem Großteil der Menschen jedoch gar nicht bewusst ist, dass all diese Zustände eben die negativen Folgewirkungen negativen Tuns sind …

Aber warum ist es überhaupt so weit gekommen? Warum konnte es überhaupt so weit kommen? Warum waren und sind wir Menschen immer noch blind und taub gegenüber den Erscheinungen und Botschaften von Mutter Maria?

Satan weiß, was die meisten Menschen nicht wissen

Der Planet Erde ist ja der Sitz Satans. Und jener soll auch bei seinem Namen genannt werden. Es gibt ihn nämlich tatsächlich, den Herrn der Tiefe, den Fürsten der Finsternis, den Gegenspieler Christi, den Widersacher, auch wenn nicht viel darüber gesprochen wird, weil jener selbst verschleiern möchte, dass es ihn gibt. Unbekannt und unerkannt kann es ihm ja umso besser gelingen, auf dieser Erde überaus geschickt seine Fäden zu ziehen und zu raffinierten Netzen zu verweben, seine Pläne und Machenschaften dabei zu verheimlichen, in den verschiedensten Lebensbereichen die Zusammenhänge zwischen Ursachen und Wirkungen zu verwischen, die Menschen in ihrem Denken einzunebeln, zu willenlosen Herdenmenschen zu machen, zu verwirren, in die Irre zu führen. Deshalb ist es so wichtig zu wissen, dass es Satan tatsächlich gibt, dass er und sein hinterlistiges Wirken entlarvt werden und die Menschen sich wieder mit ihrer Vernunft besinnen und ihren freien Willen zum Gottgewollten einsetzen können.

Satan ist doch der gefallene hohe Lichtengel Luzifer, der seine ebenfalls von Gott abgefallenen Mitläufer natürlich nicht aus seinem direkten Einflussbereich entkommen lassen will. Und dazu bedient er sich eben seiner vielfältigen raffiniert ausgeklügelten undurchsichtigen teuflischen Strategien. Deshalb ist es auf dieser Erde auch so schwer, sich von den eigenen Fehlern, Schwächen und Untugenden zu befreien, weil uns die Dunkelmächte immer wieder gerade an diesen unseren Schwachpunkten zu Fall bringen wollen und es ihnen fatalerweise nur allzu oft gelingt.

Der Widersacher von Christus weiß nämlich, was die allermeisten Erdenmenschen leider nicht wissen: Nach der Höherpotenzierung des Erdenplaneten werden er und sein Anhang ausgesondert, gebannt für eine äonenlange Zeit. Und all jene, die in ihrer verstockten Gesinnung nach wie vor dem Widersacher anhängen, werden mit ihm gehen müssen. [Siehe dazu die mediale Kundgabe „Zukunftsvision" von Emanuel, Seite 132 ff.]

Davor möchte uns Mutter Maria so eindringlich bewahren. Keines ihrer so innig geliebten Kinder soll mit ihm gehen müssen, keines! Und deshalb ihre unermüdlichen Aufrufe zur Änderung unserer Gesinnung, ihre berührenden Botschaften, ihre deutlichen Offenbarungen, ihre aufrüttelnden Prophezeiungen.

Der Kampf zwischen Licht und Dunkel

In diesem Kampf zwischen Licht und Dunkel, zwischen Licht und Finsternis, zwischen Gut und Böse geht die Konfrontation zwischen Mutter Maria und Satan also weiter und spitzt sich in dieser bedrängnisvollen Endzeitperiode noch zu um jede Geistseele, die vor der bevorstehenden Umwandlung und Höherschwingung des Erdenplaneten gerade in dieser Erdenendzeitperiode die Gnade zu einer grobstofflichen Inkarnation gewährt bekommen hat. Denn hier und jetzt besteht für jeden Erdenmenschen die Möglichkeit, mit seinem freien Willen eine Änderung seiner Gesinnung zum Gottgewollten im Sinne der Nachfolge Jesu Christi zu vollziehen.

Eine weitere, nächste materielle Inkarnation wie jetzt auf dieser Erde zur Bereinigung von Verfehlungen, deren Wiedergutmachung diesmal trotz der vielen dazu gebotenen Gelegenheiten leider wiederum verabsäumt wurde, wird es in Zukunft auf dieser alten Erde allerdings nicht mehr geben können. Im Zuge der Höherpotenzierung der Erde wird diese nämlich höherschwingend, feinstofflicher, vergeistigter und kann infolgedessen gesetzmäßig auch nur mehr entsprechend höherentwickelten Geistwesen als adäquate Heimat für deren weiteren Aufstieg zur Verfügung stehen.

Die letzte Chance auf dieser Erde

In der unermesslich großen Liebe und Gnade unseres himmlischen Vaters geht keines seiner Kinder auf ewig verloren, alle werden „aufgefangen". Aber wenn wir uns verinnerlichen, in unser Innerstes hineinhorchen – kann es denn wirklich erstrebenswert sein, auf andere niederschwingende, noch niederschwingendere Lebensebenen ausgesondert zu werden, wo sich unsere geistseelischen Entwicklungsmöglichkeiten dann noch mühsamer gestalten würden? – Nur weil wir unseren diesmaligen, für jeden von uns mit so viel geistiger Fürsorge, Umsicht und Liebe ausgearbeiteten Inkarnationsplan nicht erfüllen wollen; so viele uns gewährte, ja förmlich angebotene Chancen zur Seelenreifung in diesem Erdenleben nicht nützen wollen; obwohl wir so viele Hinweise erhalten, so viele liebevolle ernstzunehmende Ermutigungen, wiederholte Erinnerungen.

Wollen wir das alles ignorieren? Immer wieder? Wie damals schon, bei unserem ersten Abfall von Gott. Und dann wieder und wieder, vor jedem weiteren Schritt in die Tiefe, Stufe um Stufe, auf immer verdichtetere Lebensebenen. Bis auf diese Erde herunter.

Immer wieder wurden wir über die Folgewirkungen in Liebe aufgeklärt. Haben wir nichts daraus gelernt? Sind wir wirklich so verstockt, so unbelehrbar? Stehen wir jetzt nicht neuerlich vor so einer großen Entscheidung zwischen Aufstieg und Abstieg? Wo wollen wir hin? Hinauf oder hinunter?

Jetzt haben wir sie noch, die große Chance, uns diesmal richtig – gottgewollt – zu entscheiden. Ob wir sie nützen, liegt einzig an uns, an unserem freien Willen, in unserer Verantwortung. Wenn wir sie nützen wollen und unserem guten Willen auch die gottgewollten Taten folgen lassen, so werden wir dabei unterstützt mit jeder nur möglichen Hilfe aus der Geisterwelt Gottes und unvorstellbar reichen Gnadengaben von Mutter Maria und ihren vielen Helfern.

Hören wir doch auf Mutter Maria!

Verstehen wir doch, warum unsere liebe Mutter Maria in ihren Botschaften die Menschheit immer mehr aufrütteln will, dass die Menschen endlich, endlich zur geistigen Besinnung kommen! Dass sie uns mit ihren innigen Aufrufen und gewaltigen Prophezeiungen vor noch viel größerem Elend bewahren will, als wir Erdenmenschen es sogar irdisch-verstandesmäßig schon ahnend auf uns zukommen sehen können. Sie, die in ihrer so unbeschreiblichen Mutterliebe doch nicht mitansehen kann, auch nur eines ihrer geliebten Kinder an den Widersacher von Christus zu verlieren.

Um den flehenden Aufrufen und eindringlichen Botschaften von Mutter Maria und deren nachhaltiger Bedeutung wieder zu ein bisschen mehr Bekanntheit und Verbreitung unter den Erdenmenschen zu verhelfen, befassen sich die beiden folgenden

Abschnitte mit den sogenannten drei Geheimnissen von Fatima und den mahnenden Prophezeiungen von Garabandal.

Fatima

Im Jahr 1917 erschien Mutter Maria in Fatima drei Seherkindern jeweils am 13. der Monate Mai bis Oktober. Bei ihrer
dritten Erscheinung am 13. Juli 1917 erhielt die Seherin Lucia
drei aufrüttelnde Botschaften übermittelt, die sogenannten „drei
Geheimnisse von Fatima", die sie zu gegebener Zeit der Menschheit zugänglich machen sollte. So wie immer nimmt Mutter
Maria dabei Bedacht auf die religiöse Einstellung und das moralische Bewusstsein der Seherkinder bzw. Zuhörer.

Anlässlich der sechsten Erscheinung von Mutter Maria am
13. Oktober 1917 kam es zu jenem beeindruckenden sogenannten „Sonnenwunder von Fatima", bei dem von vielen Anwesenden eine rotierende Sonnenerscheinung gesehen und be-
zeugt werden konnte. [Siehe dazu die mediale Kundgabe, in der
ein ehemaliger Zeitzeuge von diesem „Sonnenwunder von Fatima"
berichtet, Seite 66 ff.]

Die „drei Geheimnisse von Fatima"
vom 13. Juli 1917

Wie bei den Erscheinungen in den beiden vorhergehenden
Monaten sahen die Seherkinder Mutter Maria in einem hellen
Lichtschein über der Steineiche. Als Mutter Maria ihre Hände
öffnete, gingen von ihren Händen starke Lichtstrahlen aus, und
Lucia erhielt die drei Botschaften übermittelt.

Das erste Geheimnis von Fatima

„Der Strahl schien die Erde zu durchdringen, und wir sahen
gleichsam ein Feuermeer und eingetaucht in dieses Feuer die

Teufel und die Seelen, als ob sie durchscheinend und schwarz oder bronzefarbig glühende Kohlen in menschlicher Gestalt seien, die in diesem Feuer schwammen, emporgeschleudert von den Flammen, die unter Wolken von Rauch aus ihnen selbst hervorschlugen; sie fielen nach allen Seiten wie Funken bei gewaltigen Bränden, ohne Schwere und Gleichgewicht, unter Schreien und Heulen vor Schmerz und Verzweiflung, das vor Schrecken erbeben und erstarren ließ (ich muss wohl bei diesem Anblick „ai" geschrien haben, wie Leute es angeblich hörten). (Anmerkung der Übersetzer: In romanischen Ländern ist „ai" oder „aia" der Schmerzensschrei.)

Die Teufel unterschieden sich durch die schreckliche und scheußliche Gestalt widerlicher, unbekannter Tiere, sie waren aber durchscheinend wie schwarze, glühende Kohle.

Erschrocken und wie um Hilfe zu bitten, erhoben wir den Blick zu Unserer Lieben Frau, die voll Güte und Traurigkeit zu uns sprach:"[7]

Das zweite Geheimnis von Fatima

„Ihr habt die Hölle gesehen, wohin die Seelen der armen Sünder kommen. Um sie zu retten, will Gott die Andacht zu meinem Unbefleckten Herzen in der Welt begründen. Wenn man tut, was ich euch sage, werden viele gerettet werden, und es wird Friede sein. Der Krieg geht seinem Ende entgegen; wenn man aber nicht aufhört, Gott zu beleidigen, wird unter dem Pontifikat von Pius XI. ein anderer, schlimmerer Krieg beginnen. Wenn ihr eine Nacht erhellt sehen werdet durch ein unbekanntes Licht, dann wisset, dass dies das große Zeichen ist, das Gott euch gibt, dass er nun die Welt für ihre Missetaten durch Krieg, Hungersnot, Verfolgung der Kirche und des Heiligen Vaters strafen wird.

Um das zu verhüten, werde ich kommen, um die Weihe Russlands an mein Unbeflecktes Herz und die Sühnekommunion an den ersten Samstagen zu fordern. Wenn man auf meine Wünsche hört, wird Russland sich bekehren, und es wird Friede sein; wenn nicht, dann wird es seine Irrlehren über die Welt verbreiten, wird Kriege und Verfolgungen der Kirche heraufbeschwören, die Guten werden gemartert werden und der Heilige Vater wird viel zu leiden haben; verschiedene Nationen werden vernichtet werden; am Ende aber wird mein Unbeflecktes Herz triumphieren. Der Heilige Vater wird mir Russland weihen, das sich bekehren wird, und eine Zeit des Friedens wird der Welt geschenkt werden."[8]

Das dritte Geheimnis von Fatima

Zu diesem dritten Geheimnis bedarf es vorweg einiger aufschlussreicher Vorbemerkungen: Alle drei Geheimnisse von Fatima vom 13. Juli 1917 wurden von Lucia Jahre später mit Zustimmung von Mutter Maria an den zuständigen Diözesanbischof übergeben, und zwar die ersten beiden zur direkten Veröffentlichung, das dritte jedoch in einem versiegelten Umschlag zur Weiterleitung nach Rom an den Papst, der diese Botschaft 1960 verkünden sollte. Leider wurde dieser Bitte von Mutter Maria weder damals noch bis heute Folge geleistet.

Nichtsdestoweniger ist dessen Inhalt wie auch immer durchgesickert und irdischen Machthabern zugespielt worden. Dadurch ließen sich Entscheidungen von großer Tragweite unter der weisen Führung der Geisterwelt Gottes so lenken, dass drohende schwerwiegende Gefahren für die Menschheit abgewendet werden konnten.

Wenn gewisse Menschen schweigen, dann sprechen eben die höheren Mächte, aber auf ihre Weise, wie es im Willen Gottes ist. Und so wandte sich Mutter Maria im Jahr 1988 auf dem Weg einer medialen Kundgabe erneut mit jener eindringlichen Mahnung an die ganze Menschheit, in der sie diese von der offiziellen Kirche leider zurückgehaltene Botschaft von Fatima aus dem Jahr 1917 sinngemäß wiederholte.

Diese Botschaft von Mutter Maria an die ganze Menschheit mit höchst wichtigen Hinweisen und Aufschlüssen über die Weltlage und die Zeichen der Zeit ist auf die neuerliche Bitte von Mutter Maria um Verbreitung an viele Menschen im Gisela Weidner-Eigenverlag veröffentlicht worden:

„Kind, ich habe dich auserkoren zu dieser Mitteilung, die ich dir geben werde. Gehe hin und veröffentliche sie der ganzen Welt, der ganzen Menschheit!

Habe keine Sorge und keine Angst; ich werde dir beistehen. Man wird dich zwar anfeinden, aber je stärker du im Glauben bist, umso weniger wird diese Anfeindung dir zu schaffen machen.

Siehe: Was ich dir jetzt sagen werde, ist für die ganze Menschheit bestimmt. Darum fürchte dich nicht, denn die Menschheit soll erfahren, wie es um sie steht und in Zukunft um sie stehen wird! Höre gut zu und merke dir, was ich dir jetzt sage.

Über die ganze Menschheit wird eine große Züchtigung kommen; nicht heute und nicht morgen, jedoch vor dem Ende dieser Erden-Endzeitperiode.

Die Menschheit hat sich nicht so entwickelt, wie Gott, unser himmlischer Vater, es von ihr erwartete. Sie hat die Geschenke Gottes, ihres Vaters, mit Füßen getreten, ja sie hat gegen diese Geschenke gefrevelt.

Nirgends auf Erden ist mehr Ordnung; überall, selbst von den höchsten Spitzen der Regierungen und Kirchen, wird Satan Besitz nehmen. Er wird nicht haltmachen, die Spitzen der Regierungen und der Kirchen in seinen Bann zu schlagen.

Er wird nicht haltmachen, die Gehirne der Wissenschaftler so zu verwirren, dass sie mächtige Waffen erfinden, die in wenigen Minuten Millionen und Abermillionen von Menschen, ja die Hälfte der Menschheit, töten können. Er wird nicht haltmachen vor den Mächtigen dieser Erde und sie aufstacheln, dass sie diese Waffen in Massen erzeugen, damit er seine Macht gebrauchen kann, um die Menschheit zu vernichten.

Wehe aber, wenn die Mächtigen dieser Erde und die Spitzen der Kirchen diesem Treiben nicht Einhalt gebieten!

Dann werde ich den mächtigen Arm meines Sohnes Jesus, des Christus, fallen lassen.

Wehe, wenn die Mächtigen der Erde und die Spitzen der Kirchen es nicht ernst meinen mit ihren Bestrebungen, die Ordnung wiederherzustellen! Dann werde ich Gott, meinen Vater, bitten, er möge das große Gericht über die Menschheit kommen lassen, das ärger sein wird, als die Sintflut damals war.

Überall auf Erden regiert Satan. Es wird unter den Kirchenführern zu gegenseitigen Kämpfen kommen, denn Satan tritt in ihre Reihen. In Rom wird es zu gewaltigen Veränderungen kommen, denn was faul ist, fällt, und was fällt, soll nicht gehalten werden, denn die Lehren der Kirchen sind verdunkelt.

Über die gesamte Menschheit und über die ganze Erde wird furchtbare Bedrängnis kommen. Feuer und Rauch werden vom Himmel fallen, und alles wird verdunkelt sein. Die Wasser der Ozeane werden verdampfen, und es wird eine so hohe Temperatur herrschen, dass die Gischt zum Himmel strahlt.

Alles, was noch aufrecht steht, soll niedergerissen werden, und von einer Stunde zur anderen werden Millionen und Abermillionen Menschen sterben. Alle, die noch am Leben sind, werden jene beneiden, die bereits tot sind. Elend wird sein, wohin man schaut, und die ganze Erde wird erbeben.

Die Zeit schreitet vorwärts, und die Kluft zwischen dem geistigen Reiche und dem Diesseits wird immer größer. Denn die

Menschen in ihrem Irrtum haben dem geistigen Tod zu seinem Triumph verholfen, und die Knechte Satans haben ihn emporgehoben. Er wird dann der einzige Herrscher auf Erden sein.

Aber all die, die im irdischen Leibe überleben, werden dann nach Gott rufen, und es wird so sein, dass Gott sie segnet und einen anderen Zustand herbeiführt. Dieser Zustand wird so sein wie jener auf Erden, als die Menschheit und die Welt noch nicht verdorben waren.

Ich rufe alle Nachfolger meines Sohnes Jesus, des Christus, auf, sowie alle Christen, die es ernst meinen: Scharet euch um Christus! Er ist der einzige Garant, der euch diese Zeit im Geiste überleben lässt!

Die Zeit der Zeiten kommt immer näher, und das Ende aller Enden kommt immer näher. Wehe den Mächtigen und den Spitzen der Kirchen, wenn nicht von ihnen eine rasche Bekehrung ausgeht! Wehe, wehe, wenn es so bleibt, wie es jetzt ist! Dann wird es noch viel schlimmer werden, als ich es jetzt dir sagen konnte.

Geh hin, mein Kind, und sage es denen, die die Macht haben, es der ganzen Menschheit zu sagen! Ich werde bei dir sein und für dich eintreten, jetzt und immerdar.

Bedenke, dass ich dir all das sage, merke es dir und sorge dafür, dass es veröffentlicht wird! So sprach die Mutter Jesu zu Lucia."[9]

Werden wir noch lange auf die Erfüllung dieser Prophezeiung von Mutter Maria warten müssen oder ist ein Großteil davon nicht bereits traurige Realität geworden? Hat es wirklich so kommen müssen? So weit und so schlimm?

Sind wir mit dieser Botschaft über unabwendbar bevorstehende Tatsachen informiert worden, vor schicksalhaft vorherbestimmte Abläufe gestellt? Oder hätten wir – und im Idealfall die ganze zum vorgesehenen Zeitpunkt auch davon in Kenntnis gesetzte Menschheit – mit unser aller Bitten und Gebeten und vor allem mit einem entsprechenden Gesinnungswandel nicht vieles dazu beitragen können, dass es nicht so kommen würde, wie es prophezeit wurde, dass es also nicht so gekommen wäre, wie es jetzt ist? Ein Gesinnungswandel bewirkt Abmildcrung durch aufrichtige Reue in der Haltung der Demut und Liebe, in der Hinwendung zu Gott.

Warum aber ist das dritte Geheimnis von Fatima von der Amtskirche bis heute noch nicht offiziell veröffentlicht worden? Warum werden diese für die ganze Menschheit so wichtigen geistigen Wahrheiten von Mutter Maria nicht bekannt gemacht und verbreitet? Wer hat Interesse daran, dass geistige Wahrheiten nicht bekannt gemacht und verbreitet werden? – Das Licht oder die Finsternis? Die Boten Gottes oder die Dunkelmächte? Mutter Maria oder Satan? Und so wurde die Veröffentlichung des dritten Geheimnisses von Fatima unterlassen.

Lässt sich da nicht wahrlich erahnen, ja geradezu spüren, wie gewaltig der Druck sein muss, mit dem dieser große Verleugner, Unterdrücker und Verfälscher geistiger Wahrheiten sogar bzw. gerade jene einflussreichen Führungspersönlichkeiten in arge Bedrängnis bringen möchte, die hohe weltliche oder geistliche Ämter bekleiden? Bedürfen jene da nicht ganz besonders unserer innigen Gebete um geistigen Mut, Kraft und Beharrlichkeit im Widerstehen gegenüber allen Anfechtungen der Dunkelmächte?

Es ist doch nicht Sinn und Zweck einer geistigen Prophezeiung und kann es auch nie und nimmer sein, Menschen in Angst und Panik versetzen zu wollen – ohne Perspektive, ohne Aussicht und ohne Möglichkeit, selbst Wesentliches beitragen zu können zu einer Änderung, Bewahrung, Abschwächung, Abmilderung, Linderung, Besserung …

Die Geisterwelt Gottes wird stets den freien Willen der Erdenmenschen achten, stellt uns aber auch die günstigen bzw. ungünstigen Folgewirkungen je nach unserem gottgewollten bzw. nichtgottgewollten Willenseinsatz vor Augen. Mit jeder im Laufe so vieler Jahrzehnte ausgesprochenen, von uns aber leider wiederholt unbeherzigt gebliebenen Mahnung von Mutter Maria treten die immer wieder angekündigten unheilvollen Folgewirkungen natürlich deutlicher zutage. Und das ist kein Willkürakt eines strafenden Gottes, sondern zugelassen in der Liebe, Gnade und Barmherzigkeit unseres himmlischen Vaters, um die Menschen aufzurütteln aus ihrer Lethargie, sie zu einem Gesinnungswandel zu bewegen.

Bleiben wir aber bei den uns geschenkten Offenbarungen nicht an den oft dramatisch geschilderten möglichen Folgewirkungen hängen, sondern beachten wir vielmehr auch die zwischen den Zeilen angeführten geistigen Hinweise und Ratschläge! Und beherzigen wir sie mit unserem freien Willen! Mehr als bisher.

Es ist noch nicht zu spät für eine Gesinnungsänderung. Auch jetzt nicht. Für eine Gesinnungsänderung ist es nie zu spät. Denn unsere Gesinnung als Aspekt unserer unsterblichen Geistseele wird nicht mit dem Erdenkörper zu Grabe getragen, sondern harrt auch in jenseitigen Lebensebenen so lange ihrer Änderung zum Gottgewollten, bis dieser Wandel vollzogen ist, und zwar von jedem für sich selbst und durch eigene Arbeit an sich selbst – freiwillig.

Je länger wir damit zuwarten, umso länger dauert unser schmerz- und leidvoller Aufenthalt in der Gottferne, bevor wir uns endlich wieder unserer Gotteskindschaft bewusst werden und unserer Bestimmung besinnen, ähnlich vollkommen zu werden wie unser himmlischer Vater. Dazu dienen ja auch die vielen Aufrufe von Mutter Maria, die – wie schmerzlich für sie und ihre Kinder! – leider viel zu oft ungehört und vor allem unbefolgt verklingen.

Und doch ist sie die große Fürsprecherin bei Christus um Gnade und Barmherzigkeit für uns alle, ihre geliebten Kinder, und unterstützt mit großer Freude in ihrem Herzen jedes auch noch so kleine menschliche Bemühen um Beherzigung ihrer Botschaften.

Eine Botschaft von Mutter Maria an Lucia vom 7. April 1990

Angesichts der derzeitigen Weltlage sei an dieser Stelle noch eine spätere, inzwischen über drei Jahrzehnte zurückliegende Botschaft von Mutter Maria an Lucia angeführt, mit weiteren prophetischen Hinweisen auf die Entwicklung des aktuellen Weltgeschehens – wenn die Welt nicht umkehrt:

„Lasst uns nicht täuschen durch die Ereignisse, die in Europa Platz greifen: dies ist eine Täuschung! Russland wird nicht bekehrt werden, bis Russland die Geißel für alle Nationen wird. Russland hat die Geißel zu sein, um alle Nationen zu schlagen. Russland ist das Werkzeug, das der Ewige Vater gebrauchen wird, um die Welt zu bestrafen: denn Russland wird den Westen überfallen, und mit Russland wird China in Asien einfallen. Meine Worte werden verdreht. Die Oberen in der Kirche und die Priester tun dies, um unsere Kinder zu verwirren und sie glauben zu machen, der Weltfriede sei gekommen, und die Bekehrung Russlands sei da. Dies ist nicht der Fall. Die Welt befindet sich in großer Gefahr. Wenn die Welt nicht umkehrt, wird sie in einen schmerzlichen Krieg hineingestürzt werden. – Die Wende in Osteuropa führt nicht zum Frieden!"[10]

Lassen wir uns also nicht täuschen und beten wir weiter für die Umkehr der Menschheit! Beten wir intensiv um gottgewollte Lösungen für alle und alles!

Das „Sonnenwunder von Fatima"

Wie bereits erwähnt geschehen bei Erscheinungen von Mutter Maria auch sogenannte Wunder. Das Wort Wunder ist jedoch eine menschliche Erfindung, die nur die Unkenntnis der Gesetze Gottes bezeichnet. So hatte denn Mutter Maria auch für den 13. Oktober 1917, also jenen Tag, an dem sie den drei Seherkindern in Fatima zum sechsten und letzten Mal erscheinen sollte, angekündigt, dass sie ein Wunder wirken werde. Und Zehntausende Menschen konnten dem damals stattgefundenen „Sonnenwunder von Fatima" beiwohnen, es im Äußeren mitansehen und im Inneren erleben. Und sind so zu Zeugen geworden.

Ein ehemaliger Erdenmensch, der am 13. Oktober 1917 beim Sonnenwunder von Fatima als Augen- und Ohrenzeuge selbst unter den Anwesenden war, hatte im Jahr 1987 die besondere Gelegenheit, in einem geistchristlichen Kreis sein damaliges Erleben (als Erdenmensch) in einer medialen Kundgabe (als nunmehr Geistwesen) aus dem lichten Jenseits zu schildern, und zwar unter der geistigen Kontrolle und Leitung des Gottesboten Hardus.

Ein Zeitzeugenbericht vom Sonnenwunder von Fatima

(aus einer medialen Kundgabe[11])

„Als der 13. Oktober immer näher kam, mangelte es nicht an Drohungen für den Fall, dass das vorausgesagte „Sonnenwunder" nicht eintreffe. Diese richteten sich gegen die Eltern und ganz besonders gegen die Seherkinder.

Es kam so weit, dass die Mutter von Lucia unter Herzbeschwerden litt und von Angst gequält war, umso mehr, je näher das bestimmte Datum heranrückte. Auch die anderen Eltern und Verwandten litten unsäglich. Man konnte einander nicht mehr im Freien treffen. Drohbriefe, die Bespitzelung und Verleumdung durch die Umgebung und andere Belästigungen nahmen überhand. Bloß die Kinder blieben ruhig und harmonisch und gingen ihren Weg weiter.

Schon einige Tage vorher hatte es in Strömen geregnet, und so goss es auch am besagten 13. Oktober. Der Weg, den wir gehen mussten, war in Schlamm und Morast versunken, die Quartiere waren überfüllt. Meiner Schätzung nach waren 40.000 bis 50.000 Menschen gekommen, um sich rund um die Steineiche in der Nähe von Fatima zu versammeln.

So wateten wir durch den ausgetretenen Morast und nahmen in großem Umkreis rund um die Steineiche Aufstellung. Völlig durchnässt standen wir da, als gegen zwei Uhr nachmittags Lucia vor uns hintrat und uns mit bebender Stimme aufforderte, wir mögen die Regenschirme schließen.

Ein Großteil von uns befolgte diese Bitte, wenngleich einige wenige, wie es unter den Menschen eben Zweifler gibt, den Schirm weiter aufgespannt hielten.

Der Regen ließ nach, und wir begannen den Rosenkranz zu beten. Plötzlich drang durch die dichte graue Wolkenmasse, die zuvor mehrere Tage über dem Land gelegen war, eine Sonne. Ich empfand es, als ob sich der Himmel, das Firmament aufgetan hätte."

[Auf die Nachfrage des Gottesboten Hardus an dieser Stelle, warum der liebe Geistbruder von „einer" Sonne gesprochen hat, erfahren wir seine folgende nähere Erklärung dazu:]

„Ja, eine Sonne. Die Sonne, die ich kannte und in Erinnerung hatte, war nicht so wie die, die ich nun sah. Diese kam mir vor wie eine leuchtende silberne Scheibe, die an den Rändern besonders hell strahlte. Ich möchte sagen, sie war innen belebt, wie eine glänzende, aus sich ausstrahlende Perle mit den verschiedensten Farbschattierungen darin. Ich fühlte ganz genau, dass dieser Himmelskörper, den ich hier Sonne nenne, lebte.

Er sprühte Farben aller Schattierungen aus. Als ich so hinsah, brauchte ich keinen Schutz vor den Augen, auch die anderen nicht. Die Sonne blendete nicht und man konnte sie mit freiem Auge betrachten, ohne dass die Netzhaut schmerzte.

Plötzlich kam das gewaltige Ereignis. Ein gellender Aufschrei ging durch die Menschenmenge, wir alle verharrten in angsterfülltem Schrecken.

Was ich da sah, ist kaum zu beschreiben: Die Sonne rotierte blutrot um ihre eigene Achse, sie hob sich vom Firmament ab und drohte uns wie ein feuriger Mühlstein zu zermalmen. In meinem ganzen Leben, weder vor noch nach diesem Ereignis, war ich derart erschrocken, ebenso wenig wie ich je eine derartige Sonne erlebt hatte oder erleben sollte.

Die vielen Farbschattierungen der Sonne drangen in das Firmament, das silbrig-hell bis golden-bläulich erstrahlte. Plötzlich wurde das Licht um uns violett, von der Farbe eines Amethysten.

Die Steineiche war violettblau, das Gras, der Boden, die Menschen vor und hinter mir. Mich überkam eine lähmende Furcht, dass meine Netzhaut zerstört würde. Ich schloss instinktiv die Augen, bedeckte sie mit den Händen und wandte mich ab.

Nach einiger Zeit unternahm ich den Versuch, zwischen den Fingern hindurchzusehen, und sah in das Gesicht meines Hintermannes, der seinen Blick unverwandt in die violette Sonne gerichtet hielt. Die gesamte Umgebung erschien weiter in der gleichen Farbe.

Noch immer von der Sonne abgewandt blickte ich in die Ferne, und alles war violettblau. Ich wandte mich wieder nach vorn und erblickte meine Hände, die Haare und die Kopfbedeckung des Mannes vor mir – violettblau.

Dieses Sonnenwunder mag an die zehn Minuten gedauert haben – genug für mich, um den Eindruck zu fixieren und sicher zu sein, nicht von einer Sinnestäuschung genarrt zu werden.

Nach diesem Erlebnis waren wir alle bedrückt, aber dennoch innerlich so erfreut und jubelnd, dass wir im Morast auf die Knie sanken und der himmlischen Mutter dankten.

Da ich keineswegs leichtgläubig war, suchte ich daraufhin die umliegenden Orte auf und fragte die Bewohner, ob sie etwas gesehen hätten. Ihre Antwort war: Ja, sie hatten das Gleiche wahrgenommen. Ich tat dies auch in Orten, die bis zu acht und zehn Kilometer entfernt waren, und auch dort bestätigte man mir die Erscheinung.

Da es mich interessierte, besuchte ich auch die nächstliegenden Sonnenobservatorien und Sternwarten und erkundigte mich dort. Die Antwort war: Nein, es war nichts zu sehen gewesen.

Damit erfüllte sich, was Mutter Maria vorausgesagt hatte: ‚Wenn ihr kommt, werdet ihr zu Suchenden und damit zu Gläubigen.‘"

Mit diesem authentischen Erlebnisbericht wollte der Gottesbote Hardus uns Menschen auf eine vielleicht etwas außergewöhnliche Art und Weise ein lebendiges Zeugnis dafür geben lassen, dass sich die damalige Voraussage von Mutter Maria, bei ihrem Erscheinen am 13. Oktober 1917 ein Wunder zu wirken, mit dem Sonnenwunder von Fatima zum angekündigten Termin auch tatsächlich wahrheitsgemäß erfüllt hat. Warum sollte es bei ihren anderen Prophezeiungen nicht auch so sein?

Warum also sollten sich nicht auch jene geistigen Prophezeiungen erfüllen, die Mutter Maria in Garabandal im Zusammenhang mit einer aufrüttelnden Warnung für die ganze Menschheit verkündet hat? – Mehr dazu im nächsten Abschnitt.

Garabandal

Im Vergleich zu anderen Marienerscheinungsorten ist nur relativ wenigen Menschen Näheres über Garabandal bekannt, wo in den Jahren 1961-1965 von vier jugendlichen Seherinnen Botschaften und Prophezeiungen von Mutter Maria empfangen wurden, zu deren wichtigsten die Ankündigung einer weltweiten Warnung gehört sowie eines großen Wunders, über dessen Zeitpunkt nur so viel bekannt ist, dass es an einem Donnerstag um 20 Uhr 30 stattfinden wird.

Nur so viel sei zu dieser von Mutter Maria angekündigten weltweiten Warnung vorweg verraten: Es wird sich um eine erschütternde Seelenschau handeln, die jedem Erdenmenschen unentrinnbar bevorsteht, um einen unausweichlichen unverhüllten Blick in die eigene Seele.

Zu diesen in Garabandal stattgefundenen Geschehnissen werden im Folgenden wesentliche Passagen aus dem 1979 im Mediatrix-Verlag erschienenen Buch „Garabandal – Donnerstag 20.30 Uhr"[12] von Franz Speckbacher in Kursivschrift (mit Seitenangabe am Zitatende) wiedergegeben, und zwar sowohl persönliche Betrachtungen des Buchautors selbst, dem ja die Weiterverbreitung dieser Prophezeiungen Anliegen, Berufung, Auftrag ist, als auch Auszüge aus den Kundgaben durch die Seherinnen.

Ergänzende geistwissenschaftliche Erläuterungen und Kommentare mögen wieder zur Vertiefung des geistigen Verständnisses sowie zur Verinnerlichung dieser geistigen Wahrheiten beitragen.

Persönliche Betrachtungen des Buchautors Franz Speckbacher

Der Erscheinungsort

„Ungefähr 90 km südwestlich von der nordspanischen Atlantikküste und der Bischofsstadt Santander entfernt, liegt der Ort San Sebastian de Garabandal im Kantabrischen Gebirge. Garabandal ist ein armseliges kleines Dörfchen. Um das Dorf zu erreichen, fährt man nach Cosio, und von dort führt die etwa 7 Kilometer lange, jetzt ausgebaute Straße hinauf nach Garabandal.

Der Ort ist von kleinen Bergen umgeben; auf viele Kilometer steigen die schönen, sanften Hänge der Berge an und geben uns ein herrliches Panorama.

Dieses schöne Fleckchen Erde hat sich der Himmel ausgesucht, um der Welt eine der größten Prophezeiungen kundzutun, deren Eintreffen wir in naher Zukunft zum Heile der gesamten Menschheit erwarten. Sogar Fachleute der Mystik bestätigten, Garabandal übertreffe alle Erscheinungsorte der Welt an Inhalt und Bedeutung; selbst Lourdes und Fatima. " (S. 25)

Die Konzentration mehrerer berühmter Gnadenorte in dieser Region Europas lässt erkennen, dass die damals recht einfachen und stillen Bergdörfer sich offenbar besonders eignen für große geistige Kraftzentren und die Marienerscheinungen selbst zumeist an ausgewählten Plätzen in einer möglichst unberührten odkraftreichen Natur stattfinden, z. B. über der Steineiche in Fatima oder bei den Pinien in Garabandal.

Und Menschenkinder aus einfachen Verhältnissen in einer oft abgeschiedenen ärmlichen Umgebung, verstandesmäßig unverbildet, ohne vorgefasste Meinungen oder Erwartungshaltungen, aber mit einem tiefen Gottesglauben, großer Demut und einem

reinen Herzen bieten ideale Voraussetzungen für eine Seher-
schaft oder Mittlerschaft und sind als Werkzeuge der Geisterwelt
Gottes für das Schauen von Erscheinungen und das Empfangen
von geistigen Botschaften besonders geeignet.

Irdische Ausweglosigkeit

In einem einleitenden Kapitel beklagt der Buchautor den allgemeinen gesellschaftlichen, sittlichen, moralischen sowie religiösen Niedergang bis in die Kirchen hinein, und er fragt:

*„Sind wir ohnmächtig gegen das alles? Gibt es wirklich kei-
ne Rettung mehr, keine Gerechtigkeit, Scham und Ehre? … Ist
schon alles verloren? … Wie im Psalm 72 könnte man klagen:
,Die anderen können sich alles leisten, aber schon gar alles ...
Und unsereins? ... Herr, wie lange noch? ... Es wird immer
schlimmer und man sieht kein Ende!'"* (S. 13)

Wohin wir den Blick auch wenden, das vom Gegensatz geschürte
Negative, das Nichtgottgewollte überwiegt leider auf den aller-
meisten Gebieten, sei es in der Politik, Wirtschaft, Finanzwelt,
Wissenschaft, im Umweltbereich und Gesundheitswesen usw.,
sogar in den Konfessionen. Die Nachrichten sind erschöpfend
voll von Berichten über Kriege, Terroranschläge, Verbrechen,
Skandale, Intrigen, Korruption, Wirtschafts- und Energiekrisen,
Natur- und Umweltkatastrophen, neuartige Krankheiten und
Epidemien usw.

Zur Bedrohung für den Körper kommen noch allerlei Ge-
fährdungen für die Seele. Eine wiederum von den Dunkelmächten suggerierte, oftmals suchtartige Online-Dauerpräsenz
mit oft stundenlangen unkontrollierbaren Informationsflüssen
und einem nahezu ununterbrochenen Einprasseln von diversen

Benachrichtigungen aus den sozialen Medien setzt unser Verstandesbewusstsein einer permanenten Beschäftigung mit Inhalten aus, deren geistseelische Qualität mitunter sehr infrage zu stellen ist und stets einer Vernunftprüfung zu unterziehen wäre. Es lässt unsere Seele kaum noch zum Atmen kommen, Nervenstress allerorten. Wie schwer tun sich da unsere Schutzengel, mit ihren geistseelisch so förderlichen Inspirationen durch dieses Schwingungswirrwarr überhaupt in unser Bewusstsein durchzukommen!

Denken wir nur an all die ungehört gebliebenen Rufe so vieler noch so empfindsamer Kinderseelen, die wahrgenommen und verstanden werden wollen in ihrem inneren Bedürfnis nach Liebe, Zuneigung und menschlicher Wärme, aber auch nach Antworten auf ihre Fragen nach dem Sinn ihres Erdendaseins und der geistigen Ursache ihrer Lebensschwierigkeiten, in ihrem inneren Dürsten nach gottgewollter Seelennahrung. Und wer lehrt die Kinder heute noch das Beten? Wollen diese Kinderseelen in Ermangelung all dessen etwa über verschiedenste Verhaltensauffälligkeiten auf ihr inneres Elend, ihre irdische Übersättigung bei gleichzeitigen geistseelischen Entbehrungen Aufmerksamkeit erwecken?

Diese Aufzählung ließe sich beliebig fortsetzen. Sind viele Menschen etwa schon so abgestumpft, dass sie derlei Geschehen kaum mehr zur Kenntnis nehmen, oft in der trügerischen Annahme, durch Wegschauen sei die Sache abgetan? Bedarf es da nicht endlich eines seelischen Aufrüttelns aus der allgemeinen Lethargie, wie es aus den Ankündigungen von Garabandal in erschütternder und doch hoffnungsvoll heilsamer Weise zu erwarten ist?

Wer allerdings auf solche Ankündigungen Angst bekommt, reagiert leider ganz nach dem Wunsch der Dunkelmächte und neigt sich mit seiner nicht harmonischen inneren Befindlichkeit auch jener Seite zu, anstatt sich voller Vertrauen mit der Bitte um Hilfe an Gott, Christus, Mutter Maria, St. Michael oder den lieben Schutzengel zu wenden und die noch verbleibende Zeit emsig an seiner persönlichen Lebensaufgabe, seiner Seelenreifung zu arbeiten.

Selbsterkenntnis – schmerzhaft, aber heilsam

Als einzigen Rettungsanker sieht Franz Speckbacher ein drastisches Zeichen von oben in einer der Schwere der Situation entsprechenden Form.

„Uns allen also, die wir irgendwie durch Frechheit oder Feigheit und religiösen Egoismus und Drückebergerei, die wir uns mit dem Alibi des Betens vor dem Einsatz im Kampf drücken – uns allen also, die wir so oder so an dem ganzen Sodoma und Babylon mitschuldig geworden sind, scheint nichts mehr anderes helfen zu können als die in Garabandal angekündigte Kur, wie sie die Menschheit noch nie erlebt hat: die Kur einer Diagnose und Erkenntnis des eigenen Seelenzustandes, dass es uns heiß wird und wir aufschreien möchten, ja vielleicht aufschreien müssen vor entsetzlicher Selbsterkenntnis; [...]

Wie schrecklich wird diese Erkenntnis für manchen sein, je nach seiner Verantwortung, in Kirche und Welt; je nachdem, wie viele Menschen er segnend oder mordend als Arzt, Priester, Bischof, Regisseur, Verführer kleinen und großen Stils beeinflusst hat. [...]

Und dabei wäre noch eine solche, blitzartig brennende, fast tödliche Erkenntnis – Selbsterkenntnis – noch gar nicht einmal das Übel, sondern die größte Gnade des Lebens – für den Einzelnen wie für die Welt! Es wäre das größte Ereignis der Weltgeschichte bisher, weil es am meisten Unheil aufheben helfen würde.

Ein Angebot! Man kann das beste Angebot verwerfen, und Gott zwingt nicht, auch nicht mit der blitzartigsten, schmerzlichsten Erkenntnis! Man kann sich bis zuletzt gegen diese Gnade stemmen ... Jedem sollte sie angeboten sein ... Das ist der Sinn von Garabandal!" (S. 17f.)

Selbsterkenntnis ist bekanntlich der erste Schritt zur Besserung. Und eine solche Selbsterkenntnis, also so ein Erkennen, Erfassen, Bewusstmachen und Bewusstwerden der unserer Seele noch anhaftenden Fehler und Schwächen ist für einen Erdenmenschen immer schmerzhaft, schmerzlich. Bedarf es dazu doch des ehrlichen Eingeständnisses der eigenen Unzulänglichkeiten, verbunden mit der Notwendigkeit zur Arbeit an sich selbst im Sinne von Fehlerbereinigung und Wiedergutmachung. Und dazu wiederum bedarf es der Tugend der Demut, in der Erdenwelt leider nur wenig beachtet, ja vernachlässigt. Und doch ist sie, die gelebte Demut, mit ihren Schwestern Geduld, Duldsamkeit, Bescheidenheit, Langmut, Ausdauer, Beharrlichkeit usw. die erste Sprosse auf der Himmelsleiter aufwärts.

Wie viele Menschen raffen sich tatsächlich auf, sich zu verinnerlichen und ihr Gewissen zu erforschen? Tue ich es? Wie viele sehen überhaupt eine Notwendigkeit darin, in sich zu gehen und an sich zu arbeiten? Tue ich es? Wie viele sind von sich überzeugt, dass sie ohnehin alles richtig machen. Und so wird die Seelenforschung zur Selbsterkenntnis oft gar nicht in Angriff genommen, sondern vor sich hergeschoben und immer wieder aufgeschoben, von Tag zu Tag, von Jahr zu Jahr. Aber sie bleibt uns letztendlich nicht erspart. Niemandem. Auch mir nicht.

Wir können auch jetzt immer noch die Augen davor verschließen und die Zeit in dieser Hinsicht so lange ungenützt verstreichen lassen – bis sie kommt, die für uns alle unausweichliche Seelenschau, wie in Garabandal angekündigt. Und diese Seelenschau kommt auf uns alle zu. Unaufhaltsam. Unabwendbar. Und sie wird alles ans Licht bringen, ans Licht der Selbsterkenntnis. Da gibt es dann kein Ausreden, keine Ausflüchte, kein Entrinnen. Für niemanden. Auch nicht für mich.

Ist es da nicht vernünftig, lieber jetzt gleich die Ärmel aufzukrempeln und freiwillig damit zu beginnen, an meiner Seelenreinigung zu arbeiten? Dann nämlich würde zum gegebenen Zeitpunkt nicht nur meine eigene Seelenschau um meine bereits geleistete Vorarbeit verbessert ausfallen, sondern ich hätte mit meiner „Besserung" auch zur „Besserung" der Gesamtschwingung auf diesem Planeten beigetragen.

Wie würden wir denn in Analogie dazu reagieren, wenn es sich bei einem auftauchenden Problem nicht um eine Seelenschwäche handelt, sondern um ein technisches Gebrechen? Belassen wir da alles, wie es eben ist, oder bemühen wir uns, die zugrunde liegende Ursache zu finden und den Schaden zu beheben, bevor er weitere Folgeschäden nach sich zieht?

Erkenne dich selbst – und nicht den anderen!

Dies empfiehlt der Buchautor recht eindringlich angesichts der uns allen bevorstehenden Seelenkur.

„Hüten wir uns aber, dabei allzu sehr an die anderen zu denken, die ‚endlich die Wahrheit erfahren' werden. Wer weiß, wie sehr wir selbst zittern und erschrecken werden, wenn es uns erst einmal richtig aufgeht, wie wir selbst vor Gott stehen, während wir zu sehr geneigt sind, über andere zu richten und vielleicht nur darauf warten, nicht ohne eine gewisse Schadenfreude, endlich zusehen zu können, wie ‚die andern' es kriegen!" (S. 20)

Wie leicht sehen wir gemäß Jesu Ausspruch in seiner Bergpredigt den Splitter im Auge des anderen, nicht aber den Balken im eigenen Auge. (vgl. Mt 7,3) Bei allen möglichen Unzulänglichkeiten sind in der Regel „die anderen" schuld. Kaum jemand aber klopft sich auf die eigene Brust, denn da könnte man vielleicht entdecken, dass einem gar nicht das Recht zusteht, andere zu beurteilen oder zu verurteilen, weil sich auf dem eigenen Seelenkleid noch genügend Flecken befinden. Wo es aber an Demut und Selbstkontrolle fehlt, neigt der Mensch dazu, das eigene Ich durch die rosarote Brille zu betrachten, während beim anderen bloß das Negative ins Auge springt.

Bei so einer noch nicht überwundenen Kritiksucht haben es die Dunkelmächte leicht, die Sicht für eigene Schwächen einzunebeln, persönliche Mängel zu beschönigen und zu verharmlosen, während die Fehler der anderen – gleichsam wie durch ein Teleobjektiv – stark vergrößert dargestellt werden. Andernfalls würden wir doch zuerst immer bei uns selbst die Ursache für eine Konfliktsituation, eine Meinungsverschiedenheit usw. suchen und nicht sofort mit Schuldzuweisungen beginnen.

Erinnern wir uns dessen, was Johannes von Jesus berichtet: Als man dem Meister eine Ehebrecherin vorführte und von ihm deren Verurteilung erwartete, sagte der Herr: „Wer unter euch ohne Sünde ist, der werfe den ersten Stein!" Betreten gingen die Menschen von hinnen, weil sie einsahen, dass sie auch selbst nicht fehlerfrei sind. (vgl. Joh 8,3-11)

In dem Moment, wo uns z. B. der Gedanke einfließt: „Was der schon wieder macht …", „Wie kann man nur so sein …", sollte – im Sinne des Spiegelgesetzes[13] – sofort der Gegengedanke kommen: „Bin ich denn selbst ganz frei von dieser Schwäche? Habe ich vielleicht etwas anderes Negatives an mir, das den Mitmenschen genauso unangenehm auffällt?" Der Schutzengel hilft bei dieser Gewissenserforschung kräftig mit. Wer den Balken der eigenen Unzulänglichkeiten erkannt hat, wird auch den Splitter im Auge des Nächsten mit mehr Toleranz sehen.

Wie notwendig für unseren geistigen Fortschritt wäre in diesem Zusammenhang ein immer wieder In-sich-Gehen, eine ständige Gedanken- und Gefühlskontrolle.[14] Mit der Hilfe der Boten Gottes werden wir die Versuchungen der dunklen Seite leichter durchschauen, uns nicht durch fremde Meinungen in unserer Überzeugung verunsichern lassen und nicht alles gutheißen, was man uns aufdrängen möchte.

Garabandal – ein Drama in drei Akten

Der Buchautor Franz Speckbacher deutet Sinn und Inhalt der Botschaften von Garabandal als gewaltiges Drama, wie es in der Geschichte noch nie da gewesen ist und in drei Akten abläuft.

Die Warnung – erster Akt

„Wie bereits angedeutet, soll es sich im Äußeren, Atmosphärisch-Kosmischen, und im Inneren abspielen: Es soll ein Feuer sein [...], das nach außen brennt und leuchtet und zugleich (und das ist noch viel wichtiger und entscheidender!) das Innere durchglüht und erhellt wie ein Blitz, der bis in die hintersten und geheimsten Gedanken und Gefühle dringt und eine unerbittliche Situationsanalyse jedes Einzelnen bietet, erbarmungslos enthüllend und in grellstem Lichte bloßstellend, was man sich nie einzugestehen gewagt hätte: all die geheimsten, persönlichsten, intimsten Gelüste und Triebe, feigen Unterlassungen, alles, was man der Gemeinschaft angetan hat durch Verführung und Irreführung kleinen und großen Stils." (S. 19)

Als eine weitere satanische Strategie wird von Franz Speckbacher aufgezeigt, wie es auf raffinierte Weise verhindert werden könnte, die den Erdenmenschen in großer Gnade angebotenen Möglichkeiten zur Gesinnungsänderung für ihr Seelenheil zu nützen – indem auch so große Ereignisse angezweifelt werden.

„Wir stehen ja erst beim ersten Akt, beim großen, weltweiten Angebot der Wahrheitserkenntnis. Dieser Akt soll sich ja eben weltweit abspielen, sodass dazu noch niemand nach Garabandal kommen muss! Es soll so klar sein, dass dieses Ereignis nicht rein natürlich ist, dass niemand daran zweifeln kann.

Das erste Angebot: Selbsterkenntnis – und Umkehr. Ob man zur Umkehr kommt? Wie viele werden trotzdem, vom Lügner verblendet, alles „nur natürlich" erklären und, hart wie Luzifer, bei ihrem Standpunkt verharren? Hart und wahnsinnig! Einsichtslos und stolz!

Manche werden an der Erkenntnis ihrer Schuld sterben – vor Schreck, wie es heißt.

Aber es kommt noch der zweite Akt des Angebots: ein besonderes Eingreifen und unerhört großartiges Ereignis, das sich nun allerdings nicht auf der ganzen Welt, sondern nur in Garabandal selbst abspielen wird, im Kantabrischen Gebirge, vor jenen, die geglaubt und der Einladung Folge geleistet haben werden – soweit sie konnten!" (S. 20f.)

Es kommt nicht selten vor, dass es dem Gegensatz gelingt, besondere Phänomene, die wir als Wunder ansehen, im Nachhinein von den Massenmedien verharmlost darstellen zu lassen. Oder er lässt rein irdisch eingestellte Wissenschaftler eine vermeintlich „ganz natürliche" Erklärung dafür finden, welche die Annahme vom Wirken geistiger Kräfte ausschließt.

Ähnliches kann wahrscheinlich auch bei diesem ganz großen Ereignis stattfinden. Es ist zu beten und zu bitten für jene, welche unter dem Einfluss Satans stehen, nach wie vor ihre Zweifel anmelden und nicht an eine Vorsehung durch das „Eingreifen"

Gottes glauben können und deren Umsetzung zur Errettung der Seelen. Da es sich dabei vielfach um Menschen mit Rang und Namen handelt und diese bei zahlreichen Wissenschaftsgläubigen mehr Vertrauen genießen als einfache Leute mit gesundem Menschenverstand, werden es viele durch die Gottferne und den Unglauben sehr schwer haben, jene Ereignisse als das anzusehen, was sie sind: ein Geschehen, das im göttlichen Auftrag durch seine Boten zum Wohle der Menschheit zustande kam.

Es ist paradox: Einerseits sagen Menschen immer wieder, es könne doch keinen Gott geben, wenn er all das Elend auf Erden zulässt und nicht endlich „dreinschlägt", andererseits wollen sie ein tatsächliches „Eingreifen" Gottes nicht wahrhaben, weil sie die geistigen Zusammenhänge nicht erfassen (können) oder ablehnen.

Selbst wenn Tausende sagen: „Ja, das ist wirklich ein Zeichen Gottes!", wird es trotzdem noch irregeleitete Unbelehrbare geben, welche diese Erklärung nicht annehmen können. Gott wird nie den freien Willen der Menschen so einengen, dass sie glauben müssen. Immer wird irgendein Hintertürchen offen bleiben, welches die Skeptiker sagen lässt: „Nein, es ist doch nicht so." Es werden einem Erdenbewohner nie Ereignisse begegnen, die ihn gleichsam zwingend davon überzeugen, dass es Gott gibt. Immer wird jemand sagen können: „Vielleicht ist es doch anders."

So besuchten z. B. Wissenschaftler aus der ganzen Welt das hervorragende Materialisationsmedium „Mutter Silbert"[15] in Graz während der 50er-Jahre und erlebten eindrucksvollste Phänomene mit. Alle Anwesenden waren überwältigt. Nicht wenige von ihnen trauten jedoch nach der Heimkehr ihren eigenen Augen nicht mehr und rückten das Erleben in den Bereich des Scheins. Wir wissen, welch dunkle Macht hier am Werke ist, um den Menschen das Erkennen der Wahrheit unmöglich zu machen!

Wer den Glauben an Gott von Beweisen seiner Existenz abhängig machen will, wird vergeblich darauf warten. Gott gab uns den freien Willen, und dieser gilt auch für die Entscheidung, ihn als unseren Schöpfer anzuerkennen oder nicht.

Das Wunder – zweiter Akt

Nach dem ersten Akt der Warnung soll in Garabandal der zweite Akt stattfinden. In welchem zeitlichen Abstand ist unbestimmt, doch soll dieser laut der Seherin Maria Dolores „weniger als ein Jahr" betragen.

„Hier also der zweite Akt: das Wunder. Worin es besteht und wann es kommt? Die Hauptseherin behauptet, es zu wissen und den Auftrag zu haben, es acht Tage zuvor anzukündigen.

Jedenfalls soll es größer sein als alles Bisherige, auch größer als das Sonnenwunder von Fatima. Der zweite Akt ist also eine Steigerung des Angebotes! Schon das erste war eine Gnade! Die größte, die es je gegeben hat! Wenn auch für viele in Form einer Schocktherapie, aber doch Therapie! Wie viele werden diese Gnade annehmen?

Das zweite, das noch größere Angebot – wie viele werden diese Gnade annehmen und glauben, wie viele nicht?" (S. 21 f.)

Auch wir fragen uns: Wie viele werden es sein? Wir wissen um die gewaltige Macht des Herrn der Tiefe, unter dessen Einfluss die Erde derzeit noch steht. Freiwillig sind wir auf diese tiefe Stufe in sein Reich herabgestiegen, und es bedarf erheblicher Anstrengung, des Einsatzes unserer ganzen Willens- und Glaubenskraft, um uns mit der Hilfe unserer lieben Schutzengel aus diesem Bann wieder zu lösen.

Das „Strafgericht Gottes" – dritter Akt

„Was sagt der Hausvater in der Parabel, als die Geladenen alle möglichen Ausreden hatten: ‚Ist mir gleich; kann und soll jeder tun, was er will.'? Oder heißt es: ‚Da wurde der Hausvater zornig!'? Die ganze Geschichte der Offenbarung vom ersten bis zum letzten Buch der Bibel, von der Genesis bis zur Apokalypse, ist wie ein einziger schlagender Beweis gegen alles lügnerische und heuchlerische Gerede von falsch verstandener „Toleranz" und „Freiheit", von „Liebe" und „Heil", von „Erbarmen" und dass „nichts schiefgehen kann", wie die ganz gescheiten Theologen von heute entdeckt haben möchten! ‚Man muss doch dem modernen Menschen entgegenkommen; eine so harte Sprache versteht er nicht mehr!' Der moderne Mensch!

Und wenn es Gott eben doch gesagt hat? Damals und immer wieder? Und wenn es die Geschichte seither tausendfach bestätigt? Ist nicht die Bibel selbst die beste Anschauungsliteratur für das, was in Garabandal verkündet wird, wenn es auch nicht so ausdrücklich nach Ort und Zeit genannt wird? [...]

Eines können wir aber jedenfalls heute schon sagen: Wenn die Aussagen der Seherinnen dieses Ortes auch nur einigermaßen stimmen, so sind sie nur ein neuer, glänzender oder auch schauriger Beweis für die Wahrheit dessen, was längst in der Bibel steht." (S. 22 f.)

Wenn hier von einem „Strafgericht" die Rede ist, so haben wir es wiederum mit einer in der Kirche üblichen menschlichen Auslegung zu tun. Aus geistiger Sicht wissen wir aber, dass es sich nicht um das Wüten und Toben eines zürnenden, rächenden, strafenden Gottes handelt, als der er noch im Alten Testament fälschlicherweise zur Darstellung kommt, ganz im Gegenteil. Gott ist die Liebe – und kann gar nicht böse sein, wie es die

Menschen sagen, Gott kann gar nicht strafen, Gott, der Absolute, kann doch in sich selbst nicht uneins sein.

Der Schöpfer selbst sandte seinen eingeborenen Sohn Christus auf diese Erde, um uns Menschen die Wahrheit über unseren allliebenden himmlischen Vater zu vermitteln, uns erkennen zu lassen, dass Gott die pure Liebe ist und dass in allem, was uns umgibt, die Liebe Gottes waltet. Allen seinen Kindern gegenüber ist er immer der gütige barmherzige Vater.

Und da der Schöpfer ein Gott der Liebe, ja die Liebe selbst ist, kann jedes seiner von ihm durch freien Willensentscheid abgefallenen Kinder auch durch freien Willensentscheid mit der Hilfe der Boten Gottes zu seinem himmlischen Vater in die angestammte geistige Heimat zurückkehren. Denken wir nur an das Gleichnis von Jesus vom verlorenen Sohn! (vgl. Lk 15,11-32)[16] Das ist Liebe! Und nur in und aus dieser unvorstellbar großen Liebe und Barmherzigkeit des Schöpfers wird ein Geschehen zugelassen, das die Spreu vom Weizen scheidet. Jeder scheidet sich nämlich selbst, durch seine Gesinnung für Gott oder gegen Gott.

Auch wenn über die Erde Katastrophen und apokalyptische Plagen kommen, so sind dies nicht von Gott, der puren Liebe, persönlich geschickte Strafen, denn Gott zerstört doch nicht. Er lässt einfach seine Gesetze wirken. Des Menschen Wille ist bekanntlich frei. Aber was der Mensch sät, das wird er auch ernten. Gott weiß auch den Zeitpunkt, wann das Maß voll ist, dass er diese Katastrophen, diese apokalyptischen Plagen zulassen kann. Er lässt sie nicht willkürlich zu, sondern nach seinen göttlichen Gesetzen.

Und dazu bedient er sich der zerstörerischen Kraft des Widersachers und dessen Willens, denn jener wartet ja nur darauf, zu wüten, zu toben, zu zerstören. Sogar hierin zeigt sich wieder die Liebe Gottes, indem er dem Herrn der Tiefe – natürlich nur ein Stückchen, wohlgemerkt! – freie Hand lässt im Gesetz von

Ursache und Wirkung[17], um durch diese Katastrophen, durch diese Plagen den Menschen, die wieder einmal am Rand des Abgrunds stehen, die Entscheidungsmöglichkeit zu geben, sich selbst freiwillig vor einem weiteren Schritt in die Tiefe, vor noch größerer Belastung zu bewahren.

Diese Katastrophen und Plagen sollen ja aufrütteln. In Zeiten der Not und der Gefahr sucht der Mensch doch Halt und Hilfe, die er im rein Materiellen dann nicht mehr findet und nicht mehr finden kann. Und dann schreit die Seele zu Gott – auch wenn es zunächst nur aus Angst geschieht, aus Angst um den Erdenkörper, aus Angst um das Erdenleben. Das kann dann zum Beginn eines Gesinnungswandels werden, der Mensch richtet sein Denken hinaufzu und beginnt zu beten, vielleicht das erste Mal in seinem Erdenleben, oder er erinnert sich nach langer, langer Zeit wieder daran. Das ist der Sinn und Zweck der Katastrophen.

Ähnliches gilt für das vorausgesagte, in der irdisch-menschlichen Überlieferung geistig unrichtig als „Strafgericht Gottes" bezeichnete Geschehen. Wenn wirklich alle Mahnungen und Wunder von Mutter Maria nichts nützen, dann wird ein furchtbares Erleben des in ihren Prophezeiungen Geschilderten noch in letzter Minute viele Menschen bittend und betend die Hände heben und zum himmlischen Vater um Hilfe rufen lassen. Und es wäre doch nicht unser aller liebender Vater, würde er die Bitten und Gebete seiner geliebten Kinder nicht erhören und sie erfüllen – aber stets so, wie es in seinem Willen für seine Kinder zu ihrem Besten ist.

Nur jene ganz hartnäckig Unbelehrbaren, die trotz aller Angebote Gottes von Satan bewusst nicht ablassen, werden mit jenem in die Bannung gehen – dies aber genauso wenig „auf ewig", wie es auch keine „ewige Hölle" gibt, sondern „auf einen Äon", also auf eine unbestimmt lange, sehr lange Zeit. In der unermesslich großen Liebe Gottes steht demnach auch diesen Widerspenstigen weiterhin die Rückkehr zum Vater offen, denn selbst der gefallene Himmelsfürst Luzifer wird dereinst nach unvorstellbar langen Zeiten heimkehren, allerdings als Letzter, denn als Erster hat er sich einst von Gott abgewendet.

In Anbetracht der vielen Anstrengungen des Herrn der Tiefe, die jener nicht gescheut hat, um über willfährige Werkzeuge im Laufe der Zeit an der Bibel herumfeilen und verschiedenes abändern zu lassen, müssen wir dankbar sein, dass noch derart viel an Wahrheit übrig geblieben ist. Als leuchtende Lichtspur im Erdendunkel weist die Liebeslehre Jesu seinen Nachfolgern und die es noch werden wollen den Weg zurück zu Gott.

Nichtsdestoweniger wurden und werden darin viele Stellen missverstanden und daraus falsche Schlüsse gezogen. Zum Beispiel das soeben erwähnte „Strafgericht Gottes". Oder die mit dem Ausdruck „ewig" in bestimmten Zusammenhängen geistig völlig unrichtig und sinnwidrig wiedergegebene Bedeutung des Begriffes „Äon", eines zwar unvorstellbar langen, aber endlich begrenzten und nicht ewigen Zeitraumes.

Oder denken wir nur an die irrige Auffassung von einem Warten-Müssen auf den sogenannten „Jüngsten Tag" am Ende aller Zeiten. Diese verhängnisvolle Vorstellung hat schon unzählige ehemalige Erdenmenschen nach ihrem Körpertod dazu veranlasst, in der jenseitigen Welt alle anderslautenden Erklärungen von Missionsgeistwesen beharrlich zurückzuweisen und uneinsichtig auf den vermeintlichen Posaunenschall zu warten ... und zu warten ... und zu warten ...

Es dauert manchmal sehr, sehr lange, bis diese auch als „Arme Seelen" bezeichneten geistig unwissenden Geistwesen mit viel Hilfe aus der Geisterwelt Gottes, vielen Gebeten von Erdenmenschen und aufklärenden Worten von Geistwissenden doch einmal von ihrer fixen Idee befreit werden können und die geistige Auferstehung als ihren ganz persönlichen „jüngsten" Tag erleben dürfen, nämlich ihren ersten – bewussten – Tag im Jenseits.

Der Widersacher setzte und setzt also alles daran, die Wahrheit zu verfälschen, um den Menschen die Erkenntnis von Ursache, Sinn und Zweck ihres Erdenlebens zu versagen. Doch von den an ihre Lehrmeinungen gebundenen konfessionellen Institutionen werden wir die geistigen Klarstellungen in der Regel nicht erfahren. Den wahren „Heiligen Geist" hat man nämlich schon bald nach Jesu Christi Heimgang nicht mehr zu Wort kommen lassen, so wie Jesus Christus es vermeinte mit seiner Verheißung: „Ich werde euch den Tröster senden …" (vgl. Joh 14,26)

Dieser von Jesus Christus seinen Jüngern in Aussicht gestellte „Tröster" kam anlässlich des Pfingstfestes in Form eines persönlichen „heiligen Geistes" zu jedem Apostel hernieder. Von da ab konnten die Apostel durch das Wirken dieser „heiligen Geister", also der Sendboten Gottes, inspiriert-medial „in fremden Zungen" sprechen und aufnahmebereiten Menschen ein geistiges Wissen vermitteln, das über den menschlichen Bewusstseinsinhalt der Apostel weit hinausging.

Auf diese Weise hätte die Menschheit auch in weiterer Zukunft, bis heute von der Geisterwelt Gottes über gottgewollt dienende Mittler, Medien unterrichtet werden sollen über Dinge, wofür den Menschen zur Zeit von Jesus das Verständnis gefehlt hatte. Die mediale Belehrung der Urchristen währte aber leider nur ca. 300 Jahre, denn Satan setzte alles daran, dass in den folgenden Jahrhunderten nicht alles, jedoch vieles in veränderter Form, verfälscht, und somit viele Irrlehren weitergereicht, verbreitet wurden.

Wo können also die heutigen Menschen geistige Wahrheiten erfahren? Wenn sie keine Verbindung mit der Geisterwelt Gottes haben möchten, werden sich die meisten Gläubigen bis zur geistigen Wiederkehr Christi mit Halbwahrheiten und wenigen Teilwahrheiten begnügen müssen.

Nichtsdestoweniger gab und gibt es zu allen Zeiten Quellen der geistigen Wahrheit. Und glücklich zu preisen sind alle, die aus einer solchen Quelle schöpfen dürfen. Dazu zählen neben den vielen geistigen Kundgaben der Boten Gottes in besonderem Maße auch die Botschaften von Mutter Maria über die verschiedenen Seherkinder an ihren Erscheinungsorten.

Über die Erscheinungen in Garabandal

„Die Muttergottes ist von 1961-1965 in Garabandal erschienen.

Am 18. Juni 1961 erschien zunächst der heilige Erzengel Michael vier Mädchen außerhalb des Bergdorfes Garabandal (Provinz Santander in Nordspanien) und bereitete sie auf die Erscheinung der Heiligen Jungfrau Maria „vom Berge Karmel" vor. Die Namen der Mädchen sind: Conchita (12 Jahre), Maria Dolores, Jacintha und Mary Cruz (11 Jahre).

Die Madonna erschien den Mädchen zum ersten Mal am Sonntag, dem 2. Juli 1961, am Feste der Heimsuchung Mariens, gegen 18 Uhr, und dann noch viele Male. Bei der ersten Erscheinung sahen die Mädchen die Heilige Jungfrau mit einem weißen Kleid, blauen Mantel, und über ihrem Haupte war eine Krone von goldenen Sternen. Ihr Haar war dunkelbraun, in der Mitte gescheitelt und reichte bis zum Gürtel. Ihr Gesicht war unaussprechlich schön. Die Kinder sagten: ‚Es gibt keine Frau, die ihr an Schönheit gleicht!' Sie hat eine erlesene, unnachahmlich schöne Stimme. An einem Handgelenk trug die Madonna ein braunes Skapulier. Sie war begleitet von den beiden Erzengeln Michael und Raphael." (S. 25 f.)

Ähnlich wie zu unserer Zeit in Medjugorje konnten die Seherkinder damals Mutter Maria wahrnehmen und über eine innere Stimme hören. Wenn hier die Kleidung Mutter Mariens näher geschildert wird, so taucht bei manchen Menschen vielleicht die Frage auf: „Wieso brauchen die Geistwesen ein schönes Gewand, eine Krone?"

Eine solche Frage hängt zusammen mit der verbreiteten Unwissenheit über die geistige Welt, die nichts Nebuloses ist, sondern eine genauso reale Welt wie die unsere, nur eben feinstofflicher Art und schwingungsmäßig entsprechend angepasst der jeweiligen geistigen Entwicklungsstufe eines Geistwesens, was die dortige Atmosphäre, die „äußere" Umgebung, die fluidale Natur, die Ausgestaltung der Wohnstätten usw. anbelangt. Wie traurig wäre ein Zustand, ewig nur in einem leeren Raum umherzuschweben oder nach einem bekannten Klischee auf einer Wolke sitzend sich zu langweilen.

Ganz im Gegenteil verrichten die Wesenheiten im Jenseits auch Tätigkeiten, es wird gearbeitet in Erfüllung des universell und ewig gültigen Gesetzes der Arbeit. Da der Schöpfer selbst ein ewig Schaffender und Wirkender ist, der ewig weiterschafft und weiterwirkt, ist auch für alle seine Geschöpfe das Schaffen und Wirken Voraussetzung und Grundlage auf ihrem ewigen Entwicklungsweg zur Erfüllung ihrer gottgegebenen Bestimmung, ähnlich vollkommen zu werden wie unser aller himmlischer Vater. Im Übrigen hat jedes vom Schöpfer ins Dasein gerufene Kind Gottes mit dieser Bestimmung auch seine ganz besondere vom Vater ihm eigens überantwortete Aufgabe in der Schöpfung übertragen erhalten mit dem göttlichen Auftrag, an deren Erfüllung zu arbeiten, und zwar ewig.

Auch Zusammenkünfte, Besprechungen, Schulungen und Feste finden im Jenseits statt, wunderbare Sphärenmusik wird komponiert und gespielt, es wird geforscht, gestaltet und vieles mehr. Die Erwartung eines „Ruhe sanft!" ist also ein zwar weitverbreiteter, aber großer Irrtum!

Im Gegensatz zur irdischen Welt, wo sich jeder mit dem kleiden, schmücken und umgeben kann, wofür er das Geld besitzt, wozu er irdisch befugt ist oder es sich auch bloß anmaßt, ist in der geistigen Welt z. B. schöne Kleidung mit ihrer besonderen Schwingung ein Ausdruck der Reinheit und geistigen Rangstufe ihres Trägers. Nicht allein das Gewand besitzt Ausstrahlung, sondern die ganze Persönlichkeit strahlt hindurch, für jeden offen sichtbar. Verzierungen mit edlen Metallen und Steinen hängen überdies zusammen mit besonderer Odkraft. Unter Odkraft versteht man die Lebenskraft, Lebensenergie oder den Magnetismus, den vom Urlicht des Schöpfers ausgehenden und in gesetzmäßig angepasster Form bestehenden „Betriebsstoff" in der Schöpfung. Alles, was ist, hat seine ihm eigentümliche Odkraft in sich und an sich.

Überall herrscht Gerechtigkeit. Die äußere Schönheit entspricht der inneren und wurde durch pflichtgetreu erfüllte gesetzmäßige Arbeit erworben. Jeder begegnet dem anderen in geschwisterlicher Liebe und Ehrfurcht, ganz gleich, auf welcher Stufe dieser steht. Egoismus und Eifersucht, Neid und Missgunst, Machtgier und Konkurrenzstreben sind unbekannt. Wie weit entfernt sind jene Verhältnisse vom derzeitigen Zustand auf unserer Erde!

Aus den Botschaften von Mutter Maria in Garabandal

Die Tugend der Demut

„Am 29. Juli 1961 erhielten die Sehermädchen von der Madonna eine Botschaft für die Welt, die sie aber erst am 18. Oktober 1961 bekannt geben durften. Sie hat folgenden Wortlaut:

,Es müssen viele Opfer dargebracht werden, viel Buße. [...]

Vor allem aber sollen wir gut sein, und wenn wir das nicht tun, wird eine Strafe über uns kommen.

Der Kelch wird schon voll, und wenn wir uns nicht bessern, wird eine sehr große Strafe über uns kommen.

Die Jungfrau wünscht, dass wir das tun, damit uns Gott nicht strafe.'

Unsere Liebe Frau sagte auch, was ihrem Sohn am meisten missfalle, sei der Stolz, und die Tugend, die ihm am meisten gefalle, sei die Demut!" (S. 27 f.)

Was ist das Gegenteil von Demut? Hochmut! Und der Hochmut war es, der bekanntlich den großen Abfall von Gott auslöste und die Schaffung materieller Welten erst notwendig machte für die immer dichtstofflichere Hüllen benötigenden abtrünnigen Geistwesen, die ihre Wohnstätten in den rein geistigen Reichen verloren hatten.

Aus gutem Grund also werden wir Erdenmenschen von den Gottesboten wieder und wieder erinnert und gemahnt, dass wir viel lernen sollen von der großen Demut, die uns von Jesus selbst und auch von seiner Erdenmutter Maria in wunderbarer Weise vorgelebt wurde in ihrem Erdenleben.

Jesus, der inkarnierte Christus, ging ja nicht über diese Erde als der von Gott über die ganze Geisterwelt eingesetzte und gesalbte König. Nein, er war doch Mensch wie wir, als er auf dieser Erde lebte, er wollte den Menschen in allem gleich sein. Wie wäre es denn sonst möglich gewesen, als Mensch, wie es vorgesehen war und auch durchlebt wurde, standhaft zu bleiben in den Versuchungen und all das Dunkel zu überwinden? Er wollte doch als Mensch Vorbild sein für all die, die ihm nachfolgen wollen. Nicht nach Ansehen, Macht und Reichtum strebte er, sondern er lebte uns all das vor, was er uns in seiner Liebeslehre verkündete. Und so konnte er allen Versuchungen seines Widersachers und Geistbruders Luzifer geistig erfolgreich widerstehen. Und wir können es auch, wenn wir unseren freien

Willen aus der Gesinnung der Liebe gottgewollt einsetzen im Nachleben nach seinem Vorbild und in seiner Nachfolge.

Und auch Jesu Erdenmutter Maria ging nicht als hohe Himmelsfürstin über diese Erde, sondern lebte als Mensch ihr ganzes an Leid und Tränen so reiches Erdenleben lang in der wahren Demut und Bescheidenheit, weil sie stets im Bewusstsein trug, dass der Mensch kaum ein Staubkorn ist im Vergleich zu der unendlichen Größe Gottes. Und in dieser ihrer vorgelebten großen Demut ist auch sie uns zum leuchtenden Vorbild dafür geworden, wie wir uns in unserem Erdenleben schützen können vor den hinterlistigen Angriffen der Dunkelmächte über die Widerhaken unserer seelischen Schwachstellen, die da so oft heißen Hochmut, Stolz, Eitelkeit, Anmaßung, Überheblichkeit usw. Dort nämlich hakt der Widersacher ein. Und wo z. B. noch ein wenig Eitelkeit ist, da wird die Eitelkeit ausgenützt und benützt, um dem Menschen vorzugaukeln, wie wichtig und groß er sei …

Viele soll(t)en von Garabandal erfahren

„Am 18. Juni 1965 versammelten sich mehr als 2000 Menschen in Garabandal, Franzosen, Deutsche, Engländer, Italiener, Amerikaner und Polen gesellten sich zu den Gruppen aus den verschiedenen Teilen Spaniens. Die Franzosen bildeten die größte Gruppe. Es waren Journalisten da, Fernseh-Teams vom italienischen Fernsehen und Kameraleute von NO-DO (dem amtlichen spanischen dokumentarischen Nachrichten-Programm). Conchita verließ um 23 Uhr 30 ihr Haus und ging zur Landstraße, die zu den Fichten, zu dem Platz führt, der Guadro genannt wird. Dort wurde sie in eine Ekstase gerissen, die 16 Minuten dauerte. Der hl. Michael erschien ihr und überbrachte ihr die Botschaft Unserer Lieben Frau, die am nächsten Morgen veröffentlicht wurde." (S. 29 f.)

Schon damals hat man also die moderne Technik miteinbezogen. Wenn die Kameraleute und Journalisten zunächst auch nur den Sensationshunger der Seher und Leser befriedigen wollten, so steckt dahinter doch eine tiefere Absicht der geistigen Welt, nämlich geistige Phänomene und Botschaften möglichst vielen Menschen auf der ganzen Welt zugänglich zu machen.

Inzwischen sind die damaligen Ereignisse bei den meisten Menschen zwar schon weitgehend in Vergessenheit geraten, aber das Geschehen kann nicht mehr abgeleugnet werden, es ist dokumentarisch festgehalten. In ähnlicher Weise werden auch bei künftigen Phänomenen besonders dem Fernsehen und dem Internet eine bedeutende Rolle zukommen für die Verbreitung der Bilder. Es gibt heute ja schon Möglichkeiten genug, um Ereignisse den Menschen rund um die Welt sehr rasch kundzutun und sie auf diese Weise erkennen zu lassen: Es gibt etwas, was über dem Menschlich-weltlich-Irdischen steht, etwas Geistiges, das von Gott kommt.

Letzte Mahnung von Mutter Maria

Im Folgenden erfahren wir den Wortlaut dieser Botschaft von Mutter Maria vom 18. Juni 1965, welche durch Erzengel Michael an Conchita übermittelt wurde. Darin wird zunächst Bezug genommen auf jene Botschaft aus dem Jahr 1961, welche die Menschen zu einem opferfreudigen, tugendhaften und bußfertigen Leben aufrief.

„Der Engel hat gesagt: ‚Da man meine Botschaft vom 18. Oktober [1961] nicht erfüllt und der Welt bekannt gemacht hat, will ich euch sagen, dass dies die letzte Mahnung ist. Früher füllte sich der Kelch allmählich, jetzt läuft er über.

Von den Priestern gehen viele den Weg des Verderbens und reißen viele Seelen mit sich. [...]

Wir müssen uns anstrengen, um dem Zorn Gottes über uns zu entgehen. Wenn ihr ihn aufrichtigen Herzens um Verzeihung bittet, wird er euch vergeben. Ich, eure Mutter, möchte euch durch die Vermittlung des Engels Sankt Michael sagen, dass ihr euch bessern sollt.

Ihr steht schon in den letzten Mahnungen. Ich liebe euch sehr und will eure Verdammung nicht.

Wir werden euch gewähren, um was ihr aufrichtig bittet.

Ihr müsst euch mehr opfern. Denkt an das Leiden Jesu.'"
(S. 30)

Eine ähnlich mahnende Botschaft von Mutter Maria kam am 25. Dezember 1989 in Medjugorje durch. In der ins Deutsche übersetzten Kundgabe heißt es:

„Liebe Kinder! Heute segne ich euch auf besondere Weise mit meinem mütterlichen Segen und ich halte bei Gott für euch Fürsprache, damit er euch das Geschenk der Umkehr des Herzens gebe. Seit Jahren rufe ich euch auf und sporne euch an zu einem tiefen geistlichen Leben in Einfachheit, aber ihr seid so kalt. Deshalb, meine lieben Kinder, nehmt die Botschaften ernsthaft an und lebt sie, damit eure Seele nicht traurig wird, wenn ich nicht mehr mit euch bin und euch nicht mehr wie unsichere Kinder bei den ersten Schritten führen werde. Deshalb, meine lieben Kinder, lest jeden Tag die Botschaften, die ich euch gegeben habe, und setzt sie ins Leben um. Ich liebe euch, und deshalb rufe ich euch alle zum Weg des Heiles mit Gott auf. – Danke, dass ihr meinem Ruf gefolgt seid!"[18]

Wir sehen, wie die Zeit inzwischen vorgerückt ist und Voraussagen immer näher kommen, ja schon vor der Tür stehen. Es wäre daher wohl äußerst töricht, gute Vorsätze für eine Umkehr immer wieder aufzuschieben und die von Mutter Maria stets in Liebe, aber mit großer Ernsthaftigkeit gegebenen Ermahnungen ungerührt verhallen zu lassen. Sie liebt uns doch und will nicht unser Verderben. Gott, Christus und die himmlische Mutter wissen, wie sehr jene zu bedauern sind, die sich bei der „Scheidung der Geistwesen" auf die Seite des Widersachers stellen. [siehe Seite 128f.] In ihrer glühenden Liebe zu allen gefallenen Kindern wollen sie ihnen diese schweren Folgen ersparen und noch möglichst viele davor retten.

Die Macht Satans reicht bis in die Spitzen der Kirche

Bei ihrem Bericht über die Botschaft von Mutter Maria ließ die Seherin Conchita zunächst einen Passus aus, wenn auch mit nicht ganz gutem Gewissen. Auf Befragen gestand das Mädchen schließlich den vollen Wortlaut der Botschaft, der noch den folgenden schwerwiegenden Satz enthielt:

„Die Priester, Bischöfe und Kardinäle gehen in großer Zahl den Weg des Verderbens." (S. 31)

Diese Aussage wiederholt, was Mutter Maria schon im Jahr 1917 in Fatima sehr deutlich zum Ausdruck brachte, dass nämlich Satan „selbst von den höchsten Spitzen der Kirchen Besitz nehmen wird und nicht haltmachen, sie in seinen Bann zu schlagen". In diesem Zusammenhang sei noch einmal darauf hingewiesen, ja betont, dass Satan mit seinen heimtückischen Angriffen und hinterlistigen Intrigen niemanden verschont und ein ganz besonderes Interesse daran hat, sich und seine Vasallen, sein Gesinnungsgut gerade in mächtige weltliche und geistliche

Institutionen einzuschleusen, hineinzuschmuggeln, um somit ganze gesellschaftliche, staatliche und kirchliche Einrichtungen, Organisationen, Gemeinschaften, Körperschaften usw. zu unterwandern. Je höhergestellt und einflussreicher eine Führungspersönlichkeit, ein Machthaber oder ein Würdenträger ist, den er in seinen Bann ziehen kann, umso weitreichendere negative Auswirkungen auf umso mehr Menschen lassen sich damit erzielen.

Behalten wir in Erinnerung, dass in der Gerechtigkeit Gottes für jeden von uns gilt: Menschliche Versäumnisse und Unterlassungen zum Wohle der eigenen geistseelischen Entwicklung sowie zum Wohle aller, im Kleinen wie im Großen, bewusst oder unbewusst, liegen stets in der Eigenverantwortung jedes Einzelnen. Wir wissen doch, dass jede Ursachenhandlung, sei es in Gedanken, Worten, Werken oder Empfindungen, im Guten wie im Unguten, eine dementsprechende Auswirkung hat.

Ergänzende geistige Botschaften zur Warnung von Garabandal

Am 19. Juni 1965 wurde der Seherin Conchita einiges zur vorausgesagten großen Warnung geoffenbart, was sie sodann schriftlich weitergab und zum Teil auch noch später auf Fragen hin ergänzte.

„Die Warnung, die uns die Gottesmutter schicken wird, wird wie eine Strafe sein, um die Guten Gott noch näher zu bringen und die anderen zu warnen.

Worin diese Warnung bestehen wird, kann ich nicht preisgeben. Die Gottesmutter hat mir nicht den Auftrag gegeben, es zu sagen. Und auch nicht mehr darüber.

Gott möchte, dass wir dank dieser Warnung besser werden und dass wir weniger Sünden gegen ihn begehen. [...]

Wenn wir daran sterben, wird es nicht durch das Geschehen der Warnung selbst sein, sondern durch die starke Erregung, die wir beim Anblick und Verspüren der Warnung empfinden werden. " (S. 33)

Das ist dann jenes tiefgreifende seelische Erleben, jene große schmerzliche Kur, die vorgesehen ist gemäß den Botschaften von Mutter Maria, um noch viele Erdenmenschen zu einem heilsamen Gesinnungswandel, zu ihrer Umkehr zu bewegen und vor noch Schlimmerem zu bewahren.

Es wird wie Feuer in der Seele brennen

In den Monaten September und Oktober 1965 wurde Conchita verschiedentlich über Details dieser angekündigten Warnung befragt. Darauf antwortete sie unter anderem:

„Wenn ich nicht auch die nächste Strafe kennen würde, so würde ich sagen, dass es keine ärgere Strafe als die Warnung geben kann.

Alle Menschen werden Angst haben, aber die Katholiken werden es mit mehr Ergebung tragen als die anderen.

Es wird nur von ganz kurzer Dauer sein. " (S. 33 f.)

„Die Warnung ist eine Sache, die direkt von Gott kommt. Alle Menschen auf der ganzen Erde werden sie sehen können, egal wo immer sie sich auch gerade befinden sollten.

Es wird wie eine Offenbarung unserer Sünden sein (im Inneren jedes Einzelnen von uns). Gläubige und ungläubige Menschen aller Erdteile werden sie sehen und spüren ... " (S. 34)

„Oh ja, die Warnung wird schrecklich sein! Viel, viel schrecklicher als ein Erdbeben." [...]

„Es wird wie ein Feuer sein. Es wird nicht unseren Körper verbrennen, aber wir werden es an Leib und Seele spüren." (S. 34)

Für die Warnung wird also eine Seelenschau vorausgesagt, wie es die Erdenmenschheit noch nie erlebt hat. Und dieser Blick in die eigene Seele, gepaart mit innerstem Erleben, wird jede Geistseele ihre persönliche Seelenverfassung erkennen lassen – ganz offen und direkt, offensichtlich und deutlich, echt und ehrlich, unverkennbar und unbestreitbar, unverfälscht und ungeschönt, einfach als unleugbare Tatsache ... – vermutlich ähnlich, wie es den aus dem Erdenleben ins Jenseits Hinübergegangenen nach ihrem Bewusstwerden ergeht, wenn ihnen das Lebenspanorama ihres abgelaufenen Erdenlebens in einer Art Videofilm vorgeführt wird und sie selbst dazu bewertend Stellung nehmen sollen.

Anhand dieses ebenfalls unausweichlichen Konfrontiertwerdens mit dem eigenen Erdenlebenspanorama nach dem Hinübergang ins Jenseits sollen geistwissenschaftliche Erläuterungen zur Verständniserleichterung für diese zu erwartende Seelenschau dienen.

Warum ist so ein Ansichtigwerden des eigenen Lebenspanoramas denn überhaupt möglich? Weil in unserer „Akasha-Chronik" wie auf einem Computer durch unser ganzes Erdenleben hindurch alles aufgezeichnet und gespeichert wird: Jeder Gedanke, jedes Gefühl, jedes Wort, jede Handlung, und all das mit genauer Zeit- und Ortsangabe. Auch die Auswirkungen unseres Tuns und Lassens auf andere Wesen, auf deren Empfindungen, Gefühle, Reaktionen, Folgewirkungen usw. werden registriert und sind für den Betrachter abrufbar, sind sichtbar und spürbar. Da gibt es keine Erinnerungslücken, kein Abstreiten oder Vortäuschen falscher Tatsachen!

Die Vorführung dieses Lebensfilmes erfolgt, wenn das Geistwesen nach seinem Hinübergang bereits bewusst geworden und genügend urteilsfähig ist, um zum letzten Erdenleben mit seinen Höhen und Tiefen einsichtig Stellung zu nehmen. Nun soll aus freiem Willen das abgelaufene Erdenleben selbst beurteilt werden. Diese Arbeit tut weh und die Erkenntnis schmerzt, dass man nichts mehr ungeschehen machen kann. Im Diesseits sind wir geneigt, Unangenehmes wegzuschieben, aufzuschieben, uns damit nicht zu befassen. Aber in der jenseitigen Welt wirkt der Eindruck des Lebenspanoramas so lange in unserem Bewusstsein nach, bis wir Klarheit gewinnen, wie es besser gemacht werden hätte können und in Zukunft gemacht werden sollte. Bei jeder wiederholten Einblendung und Betrachtung der Bilder werden wir darin neue Feinheiten erkennen und nicht mehr sagen: „Was war denn schon dabei, wenn ich das oder jenes gesagt oder getan habe!"

Von der gottgewollten geistigen Aufarbeitung des Lebenspanoramas, vom guten Willen, die Verfehlungen wiedergutzumachen, hängt es nämlich ab, ob wir aus der Sphäre, in die wir nach dem Hinübergang aufgrund unseres geistseelischen Entwicklungszustandes zunächst kommen, in eine höhere Sphäre aufsteigen können, wenn wir uns dann auf eine feinere Schwingungsebene emporgearbeitet haben. In geistigen Kundgaben wird immer wieder geschildert, dass diese jeweils höheren Sphären eine für den Neuankömmling beinahe unerträgliche Lichtfülle besitzen. Erst allmählich fühlt man sich nicht mehr davon geblendet und erkennt auch Einzelheiten der neuen lichteren Umgebung. Durch fortgesetzte intensive Arbeit an sich selbst kann das Geistwesen langsam weiterschreiten und kommt in immer lichtere höhere Sphären, wo es sich zunächst immer wieder aufs Neue geblendet fühlt.

Und das wird und muss so lange Schritt für Schritt, Sphäre um Sphäre erfolgen, bis wir alles Negative, das in unserer

Akasha-Chronik aufgezeichnet ist, aufgearbeitet, abgearbeitet, abgetragen, gesühnt, wiedergutgemacht haben. Bis wir nach wohl noch sehr, sehr, sehr langer Zeit endlich wieder in unserer geistigen Heimat angelangt sein werden, aus der wir einst, vor äonenlanger Zeit, mit unserem freien Willen leider, leider und nochmals leider abgefallen und in die Tiefe gegangen sind. In der Akasha-Chronik ist nicht nur dieses eine Erdenleben aufgezeichnet, sondern alle Lebensabschnitte eines Geistwesens oder Menschen seit seinem Abfall von Gott, mit allem Denken, Wollen und Tun, mit allen Folgewirkungen.

Diese Akasha-Chronik ist jedoch nur ein durch unseren Abfall bedingter Anhang zu unserem „Buch des Lebens". Dieses Buch des Lebens haben wir vom Schöpfer bei unserer Erschaffung nach seinem ihm ähnlichen Ebenbild als reine Geistwesen auf unseren Vervollkommnungsweg mitbekommen.

Zurück zur Seelenschau anlässlich der von Mutter Maria prophezeiten Warnung: Was wird wohl dieses Ansichtigwerden, dieses Gewahrwerden der eigenen Seelenverfassung, des eigenen Seelenzustandes in uns auslösen? Gewiss intensive Seelenregungen! Erschrockenheit, Erschütterung, Entsetzen, Fassungslosigkeit, Bestürzung …?

Dieses Erkennen-Dürfen im Zuge der Seelenschau wird für uns also ein gewaltiger Schock sein! Und das ist auch gut so. Leider muss das so gesagt werden. Denn die unzähligen zarteren und sanfteren Hinweise haben wir nicht verstanden oder nicht verstehen wollen. Oder wir haben sie zwar sehr wohl verstanden, aber einfach nicht hören wollen. Oder gehört, aber nicht beherzigen wollen.

Und deshalb bedarf es jetzt – in der großen Liebe von Gott, Christus und Mutter Maria, wohlgemerkt! – drastischer Mittel und einer Radikalkur. Ein zweifelndes „Hoffentlich wirkt sie?" ist jetzt eindeutig die falsche Frage, denn diese Therapie wirkt. Auf alle Fälle. Allfällige Befürchtungen wären eher so einzuwenden: „Hoffentlich wird sie diesmal endlich angenommen und nicht noch einmal verweigert." Und das liegt wieder nicht am Schöpfer. Das liegt einzig und allein an mir selbst.

Niemand kann dem Erleben der Warnung entrinnen

„Alle Nationen und alle Menschen werden es gleich spüren. Niemand kann ihm entgehen. Und selbst die Ungläubigen werden die Angst vor Gott spüren.

Selbst wenn du dich in dein Zimmer einschließt und die Fensterflügel schließt, kannst du ihm nicht entgehen, du wirst es trotzdem sehen und spüren.

Ja, das ist wahr. Die Gottesmutter hat mir den Namen dieses Phänomens gesagt. Dieses Wort existiert in den (spanischen) Wörterbüchern. Es beginnt mit einem „A". Aber sie hat mir weder den Auftrag gegeben, es zu sagen, noch es zu verschweigen." (S. 35)

Es wurde also mehr als deutlich zum Ausdruck gebracht, dass es vor dieser Warnung kein Entrinnen gibt. Damit hat auch niemand die Möglichkeit, sich später einmal darauf auszureden, nichts gewusst oder erlebt zu haben. Mit Schlauheit oder Berechnung kann niemand diesem Geschehen ausweichen.

Die Ursache der Warnung wird jeder empfinden

Einem ihrer Vertrauten gegenüber äußerte Conchita später noch Folgendes:

„Wir werden eines Tages ein schreckliches Unglück erleben müssen. Überall auf der Erde. Niemand wird ihm entkommen. Die Guten, um Gott näher zu kommen, die anderen, um sich zu bessern.

Es ist besser zu sterben, als fünf Minuten das zu erleben, was uns erwartet." [...]

„Es kann uns bei Tag oder bei Nacht erreichen, ob wir nun im Bett sind oder nicht. Wenn wir dabei sterben, so wird es aus Angst sein." [...]

„Man wird erkennen, dass uns die Warnung deshalb erreicht, weil wir zu viel gesündigt haben.

Sie kann jederzeit kommen." [...]

„Wenn wir wüssten, worum es sich handelt, wären wir furchtbar erschrocken und entsetzt." [...]

„Ich bin müde, es anzukündigen, und die Welt nimmt es mit Gleichmut hin." [...]

„Wir können uns nicht vorstellen, wie sehr wir Gott beleidigen." (S. 36 f.)

In der Geistwissenschaft ist ja bekannt, dass wir Gott nicht beleidigen können. Es ist ganz unmöglich, dass man den Schöpfer beleidigen, kränken oder ihm in sonst irgendeiner Form schaden könnte. Das geht nicht, das gibt es nicht. Aber unseren Nächsten, der auch das Licht Gottes, den Gottesfunken, in sich trägt, der auch ein Kind Gottes ist, unseren Nächsten können wir beleidigen, kränken oder ihm in sonst irgendeiner Form schaden, wenn wir ihm Ungutes tun. Und all das, was wir dem Nächsten an Ungutem tun, wo wir gegen die Gesetze und Gebote Gottes verstoßen, widerstrebt unserem Naheverhältnis zur Liebe Gottes. Heißt es doch: „Liebe Gott über alles, den Nächsten sowie dich selbst!" Aber Gott selbst, die Persönlichkeit, die können wir nicht beleidigen. Wir selbst kürzen uns die Liebe oder die Gnade Gottes ab. Also entspricht mein Verhalten zu meinem Nächsten meiner Beziehung zum himmlischen Vater.

Wie traurig klingen die Worte von Conchita, wenn sie klagt über die Gleichgültigkeit der Menschen gegenüber der immer wieder angekündigten Warnung. Verstehen wir da die vielen Tränen, die Mutter Maria weint angesichts der Uneinsichtigkeit ihrer geliebten Kinder?

Die Liebe verpflichtet zur Verbreitung der Botschaften

Im März 1966 kam dem Buchautor über einen Pater die Bitte der Seherin Conchita zu, die „Garabandalisten" mögen diese Botschaft Mutter Mariens mehr denn je verkünden und verbreiten, und zwar aus dringlicheren Gründen als in der Vergangenheit. Ist doch die Warnung eine Prophezeiung. Mutter Maria werde sie dafür belohnen.

Aus dieser Mitteilung der Seherin erkennt Franz Speckbacher klar seinen persönlichen Auftrag zur Verkündung und Weiterverbreitung dieser Prophezeiung und legt dies auch allen ebenso dazu bereiten Menschen eindringlich ans Herz.

„Unsere Frau vom Karmel von Garabandal lügt nie, und auch ihre Botschafterin nicht.

Lesen Sie immer wieder diese Warnung!

Wenn man darüber nachdenkt, so wie sie es verlangt, müssen wir alle erzittern.

Trotzdem wird man zu dem Schluss kommen, dass sie eine der größten Akte der Barmherzigkeit Gottes euch und der Menschheit gegenüber sein wird. [...]

Es ist nicht möglich, dass ihr als Garabandalisten die ganze Welt in Unwissenheit über die Warnung lasst. Zögert also nicht eine Sekunde lang!

Rüttelt die Welt rechtzeitig wach! [...]

Wir müssen überall, unaufhörlich und ohne nachzugeben, die Warnung von Garabandal verkünden.

Man muss ,es von den Dächern rufen', jederzeit, Tag und Nacht!" (S. 38 f.)

Wie es Mutter Maria ein großes Anliegen ist, das „dritte Geheimnis von Fatima" möglichst viel zu verbreiten, so erging auch hier an die Wissenden, an die mit Garabandal verbundenen Menschen ein ähnlicher Auftrag, dem der Buchautor Franz Speckbacher mit seinem ausdrucksstarken und einprägsamen Schriftwerk gewissenhaft nachkam. Rufen wir es also von den Dächern und lassen wir uns nicht entmutigen, wenn wir nicht in dem Ausmaß gehört werden, wie Mutter Maria und wir selbst es uns wünschen!

Über das kommende „große Wunder" von Garabandal

Dazu erhielten wir vom Buchautor noch die folgenden aufschlussreichen Hinweise:

„Schon 1961 kündigte die Heilige Jungfrau an, dass sie durch Gott ein weiteres großes Wunder wirken werde. Es wird bedeutender sein als das Sonnenwunder vom 13. Oktober 1917 in Fatima. Es wird aber nur in Garabandal und Umgebung zu sehen sein. Kranke, die das Wunder miterleben, werden gesund werden. Ungläubige sich bekehren. Conchita weiß das Datum, aber sie darf es erst acht Tage zuvor bekannt geben. So viel durfte sie

allerdings sagen: ‚Es wird an einem Donnerstag um 20.30 Uhr sein. Dieser Tag wird in etwa mit einem für die Christenheit bedeutenden Ereignis zusammenfallen und mit dem Festtag eines Heiligen (Märtyrers), der indirekt mit der heiligen Eucharistie in Zusammenhang steht.'

Das große Wunder wird etwa 15 Minuten dauern.

Nach dem Wunder wird am Erscheinungsort, außerhalb des Dorfes bei den Pinien ein dauerndes Zeichen zurückbleiben, welches man im Fernsehen übertragen und fotografieren kann. Man wird es aber nicht berühren können.

Conchita sagte: ‚Es wird wie eine Rauch- oder Wolkensäule sein; etwas, das sonst auf Erden nicht existiert.' Conchita sagte weiter: ‚Es wird das größte Wunder sein, das Christus für die Menschheit jemals gewirkt hat. Es wird nicht der Schatten eines Zweifels bleiben, dass es von Gott kommt, und zwar zum Besten der Menschen.' " (S. 48 f.)

Wenn vom Zurückbleiben eines nicht berührbaren dauerhaften Zeichens in Form einer Art Wolkensäule die Rede war, so ist damit bewiesen, dass es sich um eine zwar fluidische, aber immerhin sichtbare Erscheinung handeln wird.

Eigene Fernsehteams stehen bereit, um das Ereignis als bleibendes Dokument festzuhalten und allen Menschen zugänglich zu machen, die nicht unmittelbar dabei sein können. Aber können damit wirklich alle Zweifel am geistigen Zustandekommen dieses Wunders ausgeräumt werden? Zweifel, die ja dann eigentlich gar nicht mehr auftauchen sollten. Denn wer dann immer noch Zweifel hegt, dessen Zweifel werden sich auch mit noch so vielen weiteren gut gemeinten Überzeugungsversuchen mit rein verstandesmäßigen Argumenten nicht ausräumen lassen. Auch nicht mit weiteren „Beweisen". Und auch nicht mit weiteren Wundern, die ja höheren Gesetzmäßigkeiten unterliegen als auf unserer erdenmenschlichen Entwicklungsstufe mit unserem so eng begrenzten Verstandesdenken fassbar oder beweisbar.

Wer aber schürt stets den Zweifel der Menschen an den Botschaften, Offenbarungen und Prophezeiungen von Mutter Maria? – Es ist der Gegensatz! Stärken wir doch unser Vertrauen in die geistige Welt, die mit Mahnungen und sogar Wundern Zeichen setzt für die grenzenlose Hilfe, die wir von oben erhalten können, wenn wir darum bitten.

Wer will die Menschen verleiten zu rein verstandesmäßigen Grübeleien, wann denn genau das vorausgesagte Wunder nun stattfinden wird und wie es denn ablaufen wird? – Der Gegensatz! Werden wir nicht wankelmütig im festen Glauben, in der Überzeugung: Es wird geschehen, und zwar so, wie es für uns im Willen des Schöpfers und im Auftrag von Christus zu unser aller geistigem Wohl vorgesehen ist und über Mutter Maria gewirkt werden wird!

Wer will die Menschen in Angst und Furcht versetzen vor jener angekündigten Warnung, die uns dann wie gelähmt in einer Schockstarre verharren und die uns verbleibende Zeit geistig ungenützt verstreichen lässt? Wer will bei ihnen Seelenregungen hochkommen lassen wie Traurigkeit und Trübsinn, Mutlosigkeit und Verzagtheit, Hoffnungslosigkeit, Aussichtslosigkeit, Verzweiflung, Resignation, Selbstaufgabe usw.? – Der Gegensatz! Dankbar sollten wir sein, jetzt schon davon zu wissen, um mit noch mehr Zielstrebigkeit an der Erfüllung unserer Lebensaufgabe zu arbeiten, mit der Hilfe der uns beigestellten Schutzengel die eigenen Verfehlungen zu erkennen, in Demut und in Reue Frieden zu schließen, wo im Herzen der Unfriede nagt, durch die Reinigung zu reifen in der Seele.

Und was will Mutter Maria? Was ist Sinn und Zweck ihrer Prophezeiungen? Antworten auf diese Fragen finden sich im nächsten Abschnitt.

Was dürfen wir aus geistigen Prophezeiungen lernen?

Aufwecken will Mutter Maria ihre geliebten Kinder, die ganze Menschheit aus der großen Betäubung durch die Mächte der Finsternis, angeführt von Satan, dem Widersacher Christi! Aufrütteln will sie uns Erdenmenschen aus unserer geistigen Lethargie und Apathie mit ihren unermüdlichen Aufrufen „Kehret um!", „Bekehret euch!", „Tuet Buße!", „Ändert eure Gesinnung!" – zum Gottgewollten.

„Kehret um!" – was heißt denn das?

Wenn wir auf einer Bergtour bemerken, dass wir vom richtigen Weg abgekommen und in die Irre geraten sind – wie reagieren wir da? Streifen wir planlos, ziellos, kopflos weiter durch unbekanntes unwegsames Gelände mit der Gefahr, uns in undurchdringlichem Dickicht zu verlaufen oder womöglich vor einem unüberwindbaren Abgrund vorzufinden? Oder aber kehren wir schnell wieder um – im Bewusstsein, dass alles weitere Herumirren unser eigentliches Gipfelziel in noch weitere Ferne rücken und unseren Aufstiegsweg dorthin nur unnötig erschweren und verlängern würde – und gehen den Irrweg so weit zurück, bis wir wieder auf den markierten, den vorgezeichneten, den richtigen Weg gelangen?

Und wenn wir jetzt erkennen dürfen, dass wir von unserem rechten Lebensweg abgekommen sind, weil wir uns leider dazu verführen haben lassen, den falschen Weg einzuschlagen, damals, bei unserem Abfall von Gott, als wir unsere paradiesische geistige Heimat verlassen und den Weg in die Gottferne angetreten haben, immer weiter weg von unserem himmlischen Vater

– da wollen wir diesen verhängnisvollen Irrweg wirklich noch weiter fortsetzen, noch tiefer hinunter, noch weiter weg von Gott, sodass unser unumgänglicher Rückweg noch viel länger dauert und noch viel beschwerlicher wird? Ist da nicht dringend eine Umkehr angezeigt?

Was heißt denn das? Was heißt für die Menschheit Umkehr? Weg von allem Nichtgottgewollten, hin zum Gottgewollten. Weg aus der Gottlosigkeit, hin zum Gottesglauben. Weg von den Götzen des Materialismus, hin zu Gott. Weg vom Egoismus, hin zur Nächstenliebe. Weg von der Herzenskälte, hin zur Barmherzigkeit. Weg von Hochmut und Selbstherrlichkeit, hin zur Demut. Weg von der Kritiksucht, hin zur Toleranz. Weg von Unnachgiebigkeit und Unversöhnlichkeit, hin zu Nachsicht, Vergeben und Verzeihen. Weg vom Herrschen-Wollen, hin zum Helfen und selbstlosen Dienen. Weg von Zwang und Gewalt, hin zur geistigen Freiheit, zum gottgewollten Willenseinsatz. Weg vom Hass, hin zur Liebe. Weg vom Kriegführen, hin zum Friedenschließen. Weg von der rücksichtslosen Ausbeutung der Menschen und der Natur, hin zur Ehrfurcht vor allem Leben. Weg von der Zerstreuung und Kräftevergeudung in Äußerlichkeiten, hin zur Besinnung und Verinnerlichung. Und so weiter.

Zur Verwirklichung unserer Umkehr und Rückkehr gibt es einen für jeden Menschen gangbaren erprobten Rückweg, der uns sicheren Schrittes und zuverlässig an unser Lebensziel führt: Den Weg der Nachfolge Jesu Christi, den Jesus uns in seinem Erdenleben vorgelebt hat, Tritt für Tritt in seinen Fußstapfen ihm nachfolgend gemäß seiner Liebeslehre.[19]

Als leuchtende Liebeswegweiser auf diesem Weg dienen uns neben dem höchsten Liebesgebot „Liebe Gott über alles, deinen Nächsten sowie dich selbst!", den Zehn Geboten, den Glücklichpreisungen Jesu aus der Bergpredigt[20] auch verschiedene allgemein gültige Liebeslebensweisheiten: „Was du nicht willst, dass man dir tu', das füg auch keinem andern zu!", „Behandle andere stets so, wie du von ihnen behandelt werden willst!" und vieles Ähnliche mehr. Aus der beherzten praktischen Umsetzung all dessen in unserem Erdenlebensalltag ergießt sich uns viel Liebeskraft und Segen für unseren geistigen Wiederaufstiegsweg. Bei solchem Liebeswirken werden wir liebevoll unterstützt und gefördert von unseren Schutzengeln und vielen geistigen Helfern, die uns auf diesem Weg sicher geleiten und freudig begleiten wollen, wenn wir darum bitten und es mit unserem freien Willen auch zulassen.

Auf die Grundvoraussetzung für eine überhaupt erst mögliche Umkehr weist uns Mutter Maria immer wieder liebevoll hin, indem sie uns flehentlich um einen Gesinnungswandel bittet.

„Ändert eure Gesinnung!" Was kann das bedeuten?

Bei unserem Abfall von Gott haben wir uns mit unserem freien Willen von Gott abgewendet, mit unserer Gesinnung gegen Christus entschieden und Satan Folge geleistet. Wir haben die göttliche Ordnung missachtet, die göttlichen Liebesgesetze übertreten, sind in die Tiefe gegangen bis auf diese Erde und haben weiter und weiter, noch und noch Verfehlungen über Verfehlungen auf uns geladen. Aber jetzt will ich doch wieder zurück ins Licht, in meine geistige Heimat, zu meinem himmlischen Vater! Oder?

Und dafür ist es notwendig und notwendend, all das, was in meiner Gesinnung, in meiner Geisteshaltung, in meinem Denken, Fühlen, Wollen und Tun nicht dem Willen Gottes, nicht seinen Gesetzen entspricht, also nicht aus der Liebe entsprungen ist, überhaupt erst einmal als nichtgottgewollt zu erkennen, indem ich wiederum um Hilfe bitte, in mich gehe und mein

Gewissen erforsche, wobei mir mein lieber Schutzengel sehr gerne jede nur erdenkliche Hilfe zuteilwerden lässt.

Wo habe ich meinen Mitmenschen gegenüber in einer Weise reagiert, wie ich es selbst nicht gewollt hätte, dass sie sich mir gegenüber so verhalten? War ich unwahrhaftig, unehrlich, falsch, hochmütig, anmaßend, selbstherrlich, ungeduldig, jähzornig, aufbrausend, rechthaberisch, unnachgiebig, streitbar, eifersüchtig, neidisch, geizig, kritisch, unzuverlässig, intolerant, überempfindlich, beleidigt, nachtragend, unversöhnlich, lieblos, hartherzig, hasserfüllt usw.?

Und wenn diese Erkenntnis in meiner Seele schmerzt, sehr, sehr schmerzt, wenn mir all das von Herzen leidtut, was ich in mir an nichtgottgewollten Charaktereigenschaften oder Wesenszügen ausgeforscht habe, dann kann dieser Schmerz zum Beginn der Heilung meiner Seelenwunden werden, wenn ihm meine aufrichtige Reue folgt und mein entschlossener Vorsatz zur Besserung bzw. in den Worten von Mutter Maria: zur Bekehrung und zum Buße-Tun.

Bekehrung und Buße-Tun bedeutet aber nicht, ein oberflächliches Lippengebet als Abbitte zu leisten und es dabei bewenden zu lassen. Nein, es geht vielmehr darum, dass ich meinen himmlischen Vater aufrichtigen Herzens um Verzeihung für meine Verfehlungen bitte und auch meine Mitmenschen, denen gegenüber ich mich in gewissen Situationen nicht so verhalten habe, wie Jesus es an meiner Stelle getan hätte. Und dass auch ich selbst allen und alles verzeihe, was mir von anderen an Lieblosigkeiten verschiedenster Art angetan wurde, restlos und selbstlos, ohne Berücksichtigung allenfalls erlittener Nachteile oder Verluste. Und dass ich mich ehrlich darum bemühe, einen jemand anderem zugefügten materiellen oder seelischen Schaden wiedergutzumachen, soweit es eben im Erdenleben noch möglich ist. Sollten davon Betroffene bereits ins Jenseits hinübergewechselt sein, werden meine innigen Gebete für sie sowie meine an sie gerichteten abbittenden oder versöhnenden liebevollen Gedanken von den Schutzengeln gerne entgegengenommen und entsprechend weitergeleitet.

Als nächste wichtige Aufgabe im Zuge meiner Gesinnungsänderung steht dann das gewissenhafte Ausmerzen meiner mir noch anhaftenden Untugenden an und das Erarbeiten der korrespondicrenden Tugenden, um das Nichtgottgewollte Schritt für Schritt durch das Gottgewollte zu ersetzen. Viele hilfreiche lebenspraktische geistige Ratschläge dazu finden sich im zweiten Band aus der Reihe „Lebensdimensionen".

Hütet euch vor der Schläue der Mächte der Finsternis!

Mit ihren geistigen Prophezeiungen will Mutter Maria uns Erdenmenschen nicht nur aufwecken und aufrütteln, sie will uns auch davor bewahren, uns neuerlich in den so hinterlistig ausgelegten Fangnetzen des Gegensatzes zu verstricken, seinen so raffinierten Strategien wieder auf den Leim zu gehen. Wie es uns leider schon so oft passiert ist. Viel zu oft.

Schreckt jener doch nicht einmal vor böswilligen Versuchen, Taktiken, Suggestionen zurück, um mithilfe seiner Handlanger und satanisch beeinflusster Menschen die gnadenvollen Prophezeiungen von Mutter Maria den Menschen überhaupt vorzuenthalten oder in abgeänderter, verfälschter Form zukommen zu lassen. Oder die Menschen vom eigentlichen Sinn und Zweck dieser Warnungen abzulenken mit unnützen, fruchtlosen, rein verstandesmäßigen Spekulationen über deren möglichen Zeitpunkt und Ablauf. Oder sie mit Ängsten zu quälen, in falsche Vorstellungen oder zehrende Grübeleien zu verwickeln, in unbeherrschte Gefühlsaufwallungen oder trübsinnige Verstimmungszustände hineinzutreiben und vieles mehr.

Habet keine Angst!

Weder sollen uns die gegenwärtig schon so bedrängnisvollen äußeren Umstände auf diesem Erdenplaneten ängstigen, noch die zugegebenermaßen irdisch recht betrüblichen Aussichten auf bevorstehende unheilvolle zukünftige Ereignisse eine bange Weltuntergangsstimmung in uns hochkommen lassen. Die in Garabandal angekündigte und uns alle erwartende Seelenschau möge uns nicht in Angst und Furcht versetzen, denn dies sind höchst wirkungsvolle Waffen des Gegensatzes. Nicht zitternd und bebend sollen wir dieses vorausgesagte Ereignis auf uns zukommen lassen, vor allem aber nicht geistseelisch untätig wartend, abwartend, zuwartend ...

Gedanken und Gefühle der Angst und Sorge sind nämlich stets Ausdruck mangelnden Gottvertrauens, ändern aber nicht nur nichts zum Positiven an den Tatsachen, die wir zu bewältigen haben werden und vor denen wir uns jetzt schon ängstigen und sorgen, sondern kosten uns darüber hinaus viel Odkraft, Lebensenergie, die wir so dringend brauchen für das gottgewollte Bemeistern der an uns gestellten Herausforderungen.

Kein Seelenfleck wird heller oder verschwindet, nur weil wir uns vor ihm fürchten! Um ihn aber zum Hellerwerden oder Verschwinden bringen zu können, ist es notwendig, ihn zuerst überhaupt einmal erkennen zu können. Und das wird dereinst auf alle Fälle im geistigen Licht der in Garabandal vorausgesagten großen Seelenschau geschehen. Doch auch dann wird vom Erkennen allein immer noch kein Seelenfleck heller oder verschwinden. Dazu bedarf es schon des ganzen Einsatzes unseres Willens, um ihn durch seelenbereinigendes Arbeiten an uns selbst immer heller und heller zu schrubben und schließlich einmal zum Verschwinden zu bringen.

Warum wollen wir eigentlich mit diesem Erkennenkönnen unserer Seelenflecken und deren Bereinigung auf die angekündigte große Seelenschau warten? Auf diese Einsicht zielt auch jene vorausgesagte Warnung von Garabandal. Jetzt schon kann der Augenblick meiner Bewusstwerdung sein, meines Gesinnungswandels, und ich damit beginnen, mich aus den Fesseln meiner Vergangenheit zu befreien.

Die Kraft des geistigen Mutes

Und dazu will sie uns auch Mut machen, unsere himmlische Mutter, geistigen Mut! Denn es bedarf – und das weiß sie – sehr viel geistigen Mutes und sehr viel gottgewollten Willenseinsatzes, um die Ernsthaftigkeit unseres Vorsatzes in dementsprechend gottgewollten liebenden Gedanken, Gefühlen, Worten und vor allem Taten in unserem Erdenlebensalltag auch zu beweisen.

Doch nicht nur geistigen Mut will uns Mutter Maria machen, sondern sie will uns auch dabei helfen. Mehr, als wir in unserem irdischen Verstandesdenken begreifen oder uns in unserem menschlichen Vorstellungsvermögen ausmalen können. Viel mehr. Das werden wir spüren können in unserem Herzen. Von Herz zu Herz. Diese so große Liebe von Mutter Maria aus ihrem Mutterherzen zu all ihren Kindern!

Wer jetzt einwendet, selbst nur ein schwacher Mensch zu sein und als schwacher Mensch eben Angst zu empfinden, dem sei entgegnet, dass er doch viel mehr ist, als nur Erdenmensch: eine Geistseele, jetzt inkarniert in einem materiellen Körper, ein von seinem himmlischen Vater ewig geliebtes Kind, ein Kind Gottes ganz unvergänglicher, unzerstörbarer, unauslöschlicher Natur, sein ihm ähnliches Ebenbild. Gott liebt uns doch und will unsere Vervollkommnung. Auch wenn er Bescheid weiß um unsere Fehler und Schwächen, so ist es doch seine unermesslich große Liebe, die uns auf dem Weg zu unserer Vollkommenheit

Mut, Kraft und Ausdauer verleiht und umso leichter führen und lenken kann, wenn wir keine Angst haben.

Auch Christus hilft uns, wenn wir auf ihn vertrauen, ihm nachfolgen, uns seiner Liebeslehre mit ganzem Herzen anschließen. Er weiß ja, wie es sich als Erdenmensch lebt und wie man sich als Erdenmensch selbst in den allergrößten Herausforderungen in Treue zu Gott bewährt. Hat er uns dies alles doch vorgelebt und viele Beispiele davon gegeben. Mag der Erdenmensch Jesus gezittert haben – der Christus in ihm ist standhaft geblieben selbst in schwerster Stunde, bis zuletzt gehorsam gegenüber seinem himmlischen Vater. Nun sind wir zwar keine Christusse, aber Träger des Christuslichtes in uns, das uns noch im finstersten Erdendunkel den Weg ins Licht leuchtet.

Da soll es uns wahrlich nicht an geistigem Mut fehlen, jetzt endlich einmal einen ehrlichen Blick auf unseren Seelenzustand zu werfen, wo uns bestimmt der eine oder andere größere dunkle Fleck ins Auge springen wird, der unbedingt bereinigt gehört. Bei genauerem Hinsehen werden sich dann mehr und mehr immer kleinere Seelenflecken unserem ehrlich prüfenden geistigen Auge darstellen, ein richtiger Seelenfleckerlteppich sozusagen. Da bedarf es weiterhin viel geistigen Mutes, um das Bewusstsein dafür zu erlangen, dass wir ja selbst die Ursachen für all unsere Seelenflecken gelegt haben und somit auch die Verantwortung dafür tragen und selbstverständlich auch für deren Bereinigung, und in großem Dank für die vielen Hilfen und geistigen Erkenntnismöglichkeiten dies auch mit Freude umzusetzen.

Somit bedarf es viel geistigen Mutes zur Aktivierung der Entschlusskraft, das große Seelenreinemachen endlich anzupacken, an der Hand unseres auf der Erdenreise uns beigestellten Schutzengels unseren Seelenzustand in dieser Hinsicht immer wieder gewissenhaft zu analysieren und zu durchforsten, und uns der gründlichen Reinigung und Ausmerzung all dessen eingehend zu widmen, was mit unserem angestrebten Gesinnungswandel, mit der Nachfolge Jesu Christi nicht mehr in Einklang zu bringen ist.

Doch um jeden einstmals selbst geschaffenen und dafür selbst verantwortlichen dunklen Seelenfleck, den wir in der Hinwendung zur Selbstverantwortung bereinigt haben, wird bei der in Garabandal vorausgesagten Seelenschau unser Seelenzustand auch heller scheinen.

Geistige Vorsorge- und Schutzmaßnahmen

Die unermüdlichen Botschaften und Aufrufe von Mutter Maria und auch die vielen aufklärenden und warnenden Kundgaben aus der Geisterwelt Gottes sollen uns Erdenmenschen doch helfen, uns vorzubereiten und zu rüsten für unsere geistige Bewährung in dieser bereits ablaufenden und sich immer mehr zuspitzenden Erdenendzeitepoche, in unserer geistigen Bewährung wohlgemerkt. Dabei geht es nicht um irdische Vorsorge- und Schutzmaßnahmen etwa vor den uns unweigerlich bevorstehenden, immer häufiger auftretenden unberechenbareren und heftigeren Wetterereignissen und Naturkatastrophen, die bereits als Vorwehen zu interpretieren sind im schmerzhaften Geburtsprozess, die sich bereits als geistige Vorbereitungen darstellen im Hinblick auf die neue, zur Halbmaterie vergeistigtere Erde. Im Zuge dieser völligen Umgestaltung und Höherschwingung des Erdenplaneten wird nämlich kein Stein auf dem anderen bleiben.

Wozu sich also um den ohnehin vergänglichen Körper so ängstigen? Wie oft haben wir unsere verschiedenen Erdenkörper im Laufe unserer verschiedenen Erdeninkarnationen schon abgelegt? Und immer wieder einen weiteren Erdenkörper in einem weiteren Erdenleben anlegen dürfen, um uns von den Verfehlungen zu befreien, die wir beim jeweils vorhergehenden Mal nicht geschafft oder uns neu zugezogen haben. Mal für Mal, Erdenleben um Erdenleben. Doch damit ist jetzt Schluss auf diesem jetzigen Erdenplaneten. Nach diesem Erdenleben auf diesem materiellen Erdenplaneten wird es nämlich kein weiteres mehr geben unter diesen materiellen Erdenlebensbedingungen.

Wenn sich dann aber noch so dunkle Flecken auf unserer Seele finden, zu deren Bereinigung eine weitere materielle Inkarnation in einem grobstofflichen Körper notwendig wäre, so wird die neue, vergeistigtere Erde dafür nicht mehr zur Verfügung stehen können. Adäquat ihrer eigenen inzwischen erfolgten Höherschwingung, Höherentwicklung, Höherpotenzierung kann die neue Erde in Zukunft nur mehr Wohnstätte sein für Geistwesen, die sich die dafür erforderliche entsprechende geistseelische Entwicklungsstufe und Seelenreife erarbeitet haben. Und dort wird es sich dann im Vergleich zum Hier und Jetzt leben wie im Paradies.

Seien wir uns aber wohl bewusst, dass auch die neue Erde in kosmischen Dimensionen immer noch eine vergleichsweise niedere Entwicklungsstufe haben wird …, dass wir auf unserem noch sehr, sehr langen Wiederaufstiegsweg zurück in unsere eigentliche geistige Heimat, die zweiten Sonnen, die wir einst leider freiwillig verlassen haben, noch einen sehr, sehr langen Weg vor uns haben … und dass dieser Heimweg nicht zwingend über einen Aufenthalt, sozusagen einen Zwischenstopp, auf der neuen Erde führen muss.

Sollten wir Menschen da nicht froh und dankbar sein, von der Geisterwelt Gottes rechtzeitig gewarnt und mit allen notwendigen und dienlichen geistigen Aufklärungen versorgt worden zu sein, betreffend Vorsorge- und Schutzmaßnahmen für unsere unsterbliche Geistseele? Das erwecke jetzt nicht den Anschein eines Widerspruchs. Natürlich ist unsere Geistseele unsterblich und geistig ewiglich lebend. Aber es macht doch einen großen Unterschied aus, wo und wie wir in Zukunft unsere geistseelische Höherentwicklung vollziehen können …

Ein geistiger Blick in die Erdenzukunft

Zur eindrucksvollen Veranschaulichung dieser zu erwartenden zukünftigen Ereignisse auf Erden und gleichzeitig zur Motivationsförderung unserer geistseelischen Entwicklungsbereitschaft lädt uns jetzt der Gottesbote Hardus ein, einen geistigen Blick in die Erdenzukunft zu werfen:

Vision von der Umgestaltung der Erde
(mediale Kundgabe[21] aus dem Jahr 1986)

„Gott zum Gruß! Hardus
Vielgeliebte Seelchen! Der innere Seelenfriede sei mit euch, in euch und um euch! Ich habe ihn aus meiner geistigen Heimat für euch mitgebracht. Ich kann ihn euch schenken und es liegt an euch, ob ihr dieses Geschenk aufnehmen könnt oder nicht.

Heute habe ich euch ein apokalyptisches Bild mitgebracht. Es ist nicht schön, aber kein zukunftsträchtiges Bild, das sich auf die jetzt noch bestehende Erde bezieht, kann schön sein.

Ich bitte euch, alles, was ich manchmal zwischen den Zeilen oder Worten durchklingen lasse, als ernst und wahr anzunehmen, denn die Geisterwelt Gottes sagt nicht die Unwahrheit. Sie findet nur nicht immer die richtigen Worte, da unsere geistigen Begriffe eben anders sind, als eure irdischen Worte die Begriffe auszudrücken vermögen. Deshalb muss ich meinen Gedanken immer wieder – sie durch geistige Pinselstriche korrigierend – eine andere Farbe geben, damit ihr mich recht versteht. Ich versuche, Gedanken um Gedanken langsam in das Bild einfließen zu lassen.

Ein Bild des geistigen Wassermann-Zeitalters

Das vergangene Fische-Zeitalter und damit der laue Glaube und die Gewaltherrschaft Satans verbrennen in dem sich entzündenden Atompilz der Atombomben. Die neue Kraft des Wassermann-Zeitalters wird von der lebenden Menschheit des Fische-Zeitalters, dessen Saat noch auf der Erde grünt, missbraucht.

Das kosmische Zeitalter der Fische geht wie alle Übergänge in der ganzen Schöpfung fließend, schwingend in das des Wassermanns über.

Es verbrennen im Feuer des Hasses, der jetzt auf dieser Erde herrscht, alle Lieblosigkeit, aller Machtwahn, alle Machtgier, aller Sinnestaumel, aller Hochmut. Kriege sind der Same, ausgestreut von der Menschheit des Fische-Zeitalters und die Ernte der heute lebenden Menschheit.

In den heranbrausenden Stürmen, die reinigend über diese Erde kommen werden, werden die Unerwachten rufen: „Jetzt geht die Welt unter!" Die geistig Erwachten jedoch werden wissen: Die Welt wird nicht untergehen, sie wird gereinigt, erneuert.

Der Lebenszustand derer, die nicht Liebe geübt haben, die in Lieblosigkeit, Hass, Zwietracht, Neid, in Machtwahn, Besitzgier, im Sinnestaumel gelebt haben, wird sich zum Schlechteren verändern. Für jene, die gottlos gelebt haben, nur irdischen Freuden gefrönt haben und nur im Materiewahn verwickelt waren, für die wird es ein bitteres Gericht sein.

Jene, die geistig erwacht sind, die in Gott den Urgrund allen Seins, die All-Liebe, das Erbarmen erkennen und die Liebe geübt haben, werden bestehen, auch in den Reinigungsperioden, in den Sphären auf oder über der Erde. Für diese geistig Erwachten, die Gott aus ganzem Herzen lieben und dem Nächsten in ebensolcher Liebe zugetan sind sowie sich selbst, bedeuten die Ereignisse der Umgestaltung der Erde die Auferstehung, die Erlösung in eine neue, schönere, in eine geistige Welt.

Christus wird geistig wiederkommen und keiner wird ohne Prüfung dem Schmelztiegel der Wendezeit entrinnen.

Er wird eine neue Geistlehre bringen, die Geistlehre des Wassermann-Zeitalters. Diese wird eine Verinnerlichung bedeuten, eine Vergeistigung, eine Mobilisierung der geistigen Kräfte und eine Vollendung für jene, die geistig zu Christus gehören. Diese kosmische Religion, die Christus mit seiner Geisterwelt bringen wird, wird das Erkennen Gottes in sich bergen, das Leben in Gott, das Leben mit Gott. So weit meine Bildbeschreibung.

In uns allen, vielgeliebte Seelchen, ist dieses Erkennen Gottes in Keimform vorhanden. Es liegt an euch, diesen Keim wachsen zu lassen und damit euer Bewusstsein zu wecken. Wir helfen euch nur dabei.

Das geistige Wassermann-Bewusstsein ist also nichts anderes als das, was Jakob Böhme schon vor vielen Jahren in sich verspürte: Es lodert in mir eine Flamme: das Bewusstsein, dass Gott in mir ist! So oder in ähnlichen Worten hat er sich ausgedrückt. Er spürte diesen Gott in sich und meinte damit den Gottesfunken, das Lebendige in sich, in dir, in jedem Einzelnen von uns.

Das Wassermann-Zeitalter ist ein Zeitalter eines neuen Geistes, frei von Stoff. Wie ein neuer heller himmlischer geistiger Glockenklang wird dieser Ton des neuen geistigen Wassermann-Zeitalters in den Sphären, in den adäquaten Erdenwelten auf und über der Erde erklingen. Alle, die das erkennen, werden Gott lobpreisen, denn sie werden erfasst haben: Gott lebt in mir und ich in ihm.

Das geistige Wassermann-Zeitalter wird aber auch ein Zeitalter der Einheit werden. Der Materialismus wird dem Idealismus weichen, die Gewalt der Gewaltlosigkeit, die Ich-Sucht der Nächstenliebe. Der geistig gereifte Wassermannmensch wird wissen, dass Ich-Sucht Nicht-Sein ist und dass Liebe All-Sein ist.

Er wird mit seinen geistigen Brüdern und Schwestern aus den engen Grenzen der neuen Erde hinaustreten und in adäquaten Sphären und Planetenwelten geistig lehren und lernen, von und mit ihnen.

Das geistige Wassermann-Zeitalter ist auch ein Zeitalter der Intuition. Die Erkenntnis wird geschärft und die Macht des Bösen und der heutigen Verführer hinabgedrängt, sodass die vergeistigten Menschen der neuen Erde wachsen und gedeihen können ohne die Versuchungen, wie sie jetzt noch auf dieser Erde sind.

Das geistige Wassermann-Zeitalter wird auch noch ein besonderes Merkmal haben: das Merkmal der persönlichen Freiheit. Jetzt seid ihr durch eure Verfehlungen an ein bestimmtes Karma, an eine bestimmte Ordnung gebunden, doch dann werdet ihr persönlich frei sein und das auch erkennen. Diese persönliche Freiheit wird noch gesteigert werden, sodass ihr die Unmittelbarkeit der Geisterwelt spüret.

Das bedeutet, dass ihr mit euren lieben Schutzgeistern – Schutzengeln – von Angesicht zu Angesicht werdet verkehren können, ihr werdet keine Medien als Mittelspersonen mehr nötig haben und eure euch von Gott zur Seite gestellten geistigen Betreuer alles fragen könnt, was euch bedrückt.

Das ist dann der größte Triumph für jeden Einzelnen von euch, und ihr werdet in die geistige Reife des geistigen Wassermann-Zeitalters hineingeführt.

Ich bitte Gott, Christus und seine himmlischen Boten inständig, sie mögen euch mit starker Hand durch diese verhältnismäßig kurze Zeit führen, damit ihre Belehrungen an euch nicht unterbrochen werden und damit ihr nicht rufen, schreien, wehklagen und in Angst versinken möget mit den Unerwachten, die glauben werden, jetzt ginge die Welt zugrunde. Wenn ihr solches hört, seid auf der Hut und denket an unsere Worte: Die Welt geht nicht unter, nur die Ursache muss verklingen, damit eine neue Erde entstehen kann.

Die lieblose gottlose Saat, die die Menschheit im Fische-Zeitalter gesät hat, geht auf. Wie könnte es auch anders sein?

Nun will ich euch den inneren Seelenfrieden geben sowie viel Kraft zum Verständnis dieses Bildes und des schönen Aquarells des geistigen Wassermann-Zeitalters. Ich habe es euch in den hellsten Farben gemalt, damit ihr erfassen könnt, was wir sehnend wünschen.

Unser Sehnen soll auch euer Sehnen werden, das Sehnen nach den hellsten Farben des geistigen Wassermann-Zeitalters, wo es sich leben lässt wie im Paradies.

Gott gebe euch die Kraft, dass ihr diese kurze Zeit hindurch standhaft bleibet! Dies wünscht euch die gesamte Geisterwelt Gottes, die sich so bemüht um euch.

Friede sei mit euch! Behaltet ihn euch, die Welt draußen will euch diesen Frieden nur entreißen.

Gott zum Gruß! Hardus"

Wieder können wir Menschen nur aus innerstem Herzen danken der Geisterwelt Gottes, die sich so rührend und liebevoll um uns bemüht, damit es uns diesmal gelingen möge, uns aus der Materie zu entziehen, die uns ja als Mittel zum Zweck der geistigen Entwicklung dient, und unser Sehnen zur endgültigen Befreiung aus allen materiegebundenen Bindungen in unserem Leben sich endlich zur Umsetzung und Erfüllung gestalte.

Alle unsere gottgewollten Willenseinsätze in dieser Richtung werden jedenfalls mit reichlichem Liebeskraftzufluss von oben unterstützt.

Geistwissen birgt Verantwortung

Ist es nicht Gnade, all das wissen zu dürfen? Es ist wahrlich Gnade! Es birgt aber auch Verantwortung. Und Verpflichtung.

Geistwissen will doch lebendig sein. Es will leben, indem es angewendet und umgesetzt wird, mitgeteilt und verbreitet. Aus innerer Glaubensüberzeugung. Freudig und frohgemut. Aus Nächstenliebe und in Nächstenliebe. Aus Dankbarkeit und in Dankbarkeit.

Vergessen wir dabei aber nicht, dass ich, wenn ich etwas mit meiner Vernunft geprüft und für gottgewollt befunden habe, auch die Verantwortung trage, meinem Wissen gemäß zu leben. Ich habe dann eine andere Verantwortung, als wenn ich es nicht wüsste. Ich werde einmal nicht sagen können, ich hätte es nicht gewusst.

Und ich habe auch die Verantwortung, ja die moralische Verpflichtung, dieses Wissen zum Wohle meiner Mitmenschen einzusetzen. Sei es, dass ich allein schon durch das vorlebende Umsetzen dieses Wissens in meinem eigenen Leben ihnen gegenüber eine gewisse Vorbildwirkung ausübe; sei es, dass ich geistig suchenden, interessierten, aufgeschlossenen Menschen ganz gezielt geistige Wahrheiten z.B. als Hilfestellung für ihre Lebensprobleme angedeihen lasse und ihnen dann auch mit Rat und Tat zur Seite stehe, wenn diesbezüglich weitere Fragen auftauchen; sei es, dass ich mithelfe – wie im Fall der geistigen Botschaften von Mutter Maria für die ganze Menschheit –, geistige Wahrheiten unter den Menschen zu verbreiten. Und dazu möge auch dieses Buch dienen.

In allen Fällen sollten schon im Vorfeld alle Schutzengel um Mithilfe gebeten werden, damit durch ihr Unterstützen und Mitwirken, ihre geistigen Vorbereitungen und Führungen die ausgestreuten Samen der geistigen Wahrheiten auf fruchtbaren Ackerboden fallen mögen.

Nicht vergessen sei in diesem Zusammenhang der Hinweis auf die Wichtigkeit und Notwendigkeit unserer Herzensgebete für die gottgewollte geistige Entwicklung der Erdenmenschheit. Mit den geistigen Kräften jedes einzelnen aus der Gesinnung der Liebe entsprungenen menschlichen Gebetes kann Mutter Maria in ihrer so großen Mutterliebe auf ihre geliebten Kinder helfend, lindernd, ermutigend, tröstend einwirken.

Und wer um diese Kraftquelle inniger aufrichtiger Gebete weiß, trägt wiederum die Verantwortung, diese auch hinauszusenden.

Zum Schutz vor möglichem unerwünschten negativen Zugriff auf unsere Gebetskräfte empfiehlt es sich dabei, wiederum unseren lieben Schutzengel zu bitten, dass er unsere Gebete unter geistiger Abschirmung in das Gebetsdepot von Mutter Maria weiterleiten möge, wo sie dann nach geistiger Maßgabe zur Verwendung gelangen.

Einflussfaktoren auf die Erfüllung von Prophezeiungen

Der freie Wille

Bei unserer geistigen Erschaffung hat jedes Kind Gottes von seinem himmlischen Vater als wohl größtes Geschenk den freien Willen erhalten. Und dieser freie Wille wird von der Geisterwelt Gottes stets geachtet, im Gegensatz zu negativen Geistwesen, die sich darüber mit Druck, Zwang und Gewalt hinwegzusetzen versuchen. Nie heißt es beim Schöpfer „Du musst!", es heißt stets „Du sollst …"

Wir erhalten zwar genügend geistige Richtlinien und Gebote, richtungsweisende Orientierungshilfen und himmelwärts heimführende Wegweiser mit auf unseren Erdenlebensweg, es liegt aber stets an uns selbst, ob wir uns in die göttliche Gesetzes-ordnung freiwillig eingliedern wollen oder nicht, geistige Rat-schläge beherzigen wollen oder nicht, geistige Warnungen be-achten wollen oder nicht.

Wenn Mutter Maria uns Erdenmenschen zur Änderung un-serer nichtgottgewollten Gesinnung und zur Umkehr aufruft, damit wir vor so manchem Unheil bewahrt werden mögen, so besteht stets für uns die Möglichkeit, mit unserem freien Willen geistige Warnungen zu befolgen und so von Unheil verschont zu bleiben wie einst die Bewohner von Ninive, oder aber die War-nung in den Wind zu schlagen und nicht umzukehren. Möge es der Erdenmenschheit mit ihrer Entscheidung nicht so ergehen, wie es den Menschen in Sodom und Gomorrha als Folgewir-kung der selbst gelegten Ursachen geschah!

Jeder Mensch kann also für sich selbst entscheiden, ob er ei-nem Aufruf von Mutter Maria Folge leistet und in Beherzigung ihrer Botschaften an sich selbst, an der Reinigung seiner Seele arbeitet. Wenn er es tut, so beseitigt er mit den ausgeräumten Seelenschwächen die selbstgelegten Ursachen für gesetzmäßige Folgewirkungen – was in geistigen Prophezeiungen mit den irdischen Begriffen Unheil, Züchtigung oder Strafgericht zum Ausdruck gebracht wird.

Wenn es sich nun um viele Menschen handelt, an die ein sol-cher geistiger Aufruf gerichtet ist, so trägt jeder Einzelne mit seinem ehrlichen Bemühen in der Befolgung der Botschaft nicht nur zu seiner persönlichen geistseelischen Höherentwicklung bei, sondern in weiterer Folge auch zur Hebung der geistseeli-schen Gesamtschwingung der Menschheit. Und wenn es dann viele Menschen sind, die im gottgewollten Sinne reagieren, wird so manches vorausgesagte Unheil abgemildert, abgeschwächt oder sogar abgewendet werden können. Und das ist dann nicht auf Prophezeiungsfehler zurückzuführen, sondern auf die Ge-sinnungsänderung und Umkehr der Menschen.

Unvorhersehbarkeiten

Da die Geisterwelt Gottes nicht genau vorhersehen kann, wie viele Menschen zu einer Gesinnungsänderung in Befolgung einer geistigen Offenbarung auch tatsächlich bereit sein werden – die Menschen haben ja ihren freien Willen, der durch die verschiedensten Strategien des Gegensatzes bekanntlich recht leicht negativ beeinflussbar ist –, heißt es in den Ankündigungen der zu erwartenden Folgewirkungen ungefähr so: „… wenn die Menschen sich nicht bekehren", „… wenn die Welt nicht umkehrt", „… wenn ihr nicht eure Gesinnung ändert".

Die Problematik der unterschiedlichen geistigen und irdischen Auffassungen von Zeitbegriffen sowie der Angabe von gewissen Zeiträumen oder Zeitpunkten für das in Aussicht gestellte Eintreten von vorausgesagten Geschehnissen wurde bereits erwähnt.

Des Weiteren ist zu bedenken, dass einerseits Aufschübe im Willen des Schöpfers gewährt werden können, um noch mehr Menschen zu ihm zurückfinden zu lassen, andererseits es aber auch zu einem ganz spontanen vorzeitigen „Aus" für diese Erde kommen kann – wenn durch völlig unvorhergesehene und aufgrund ihres freien Willens auch unvorhersehbare Reaktionen menschlicher Handlanger unter schwerster satanischer Beeinflussung z. B. die technisch bereits mögliche Zerstörung des Erdenplaneten durch Menschenhand droht; oder wenn es durch satanisch suggerierte menschliche Erfindungen zu derart schwerwiegenden Fremdeinwirkungen auf die Betätigung der Vernunft des Menschen käme oder auf die Ausübung seines freien Willens, dass eine geistseelische Höherentwicklung auf dieser Erde nicht mehr möglich wäre. Beim Schöpfer gibt es bekanntlich nichts Zweckloses.

Gebetserhörungen

Vergessen wir einmal mehr nicht die Kraft des Gebetes! Wie oft ruft Mutter Maria an ihren Erscheinungsorten und in ihren Botschaften uns Menschen zum Gebet auf, zu Gebetsstürmen für die Mächtigen dieser Welt in der Politik, Wirtschaft, Wissenschaft, Technik, im Bildungswesen, in den Konfessionen; für die gottlosen und gottfernen Menschen; für Mutter Erde und die Natur und vieles mehr. Sie selbst leistet Fürbitte noch und noch beim Schöpfer für ihre geliebten Kinder, damit noch viele gerettet werden können. Gerade die Kraft inniger menschlicher Gebete ist es, die Mutter Maria und ihre vielen Boten so dringend brauchen und auch so gut brauchen können, weil sich diese menschliche Gebetsschwingung besonders gut dafür eignet, damit sie auch auf andere Menschen wiederum rettend und helfend einzuwirken vermögen.

Wissen wir eigentlich, wie viel Unheil, Leid, Not und Elend abgeschwächt oder gelindert werden konnte – durch unsere Gebete? Wie viele irdische Machthaber mit unseren Gebetskräften von unheilvollen Entscheidungen abgehalten und stattdessen zu gottgewollten Entscheidungen motiviert werden konnten, mit dementsprechend gottgewollten Auswirkungen auf viele Menschen, vielleicht ganze Völker? Wie viel technisch Machbares, aber nicht Gottgewolltes, dann doch nicht umgesetzt wurde und wir so vor möglichen zerstörerischen, manipulativen, krankmachenden und vielen anderen verhängnisvollen Auswirkungen bewahrt werden konnten?

Bei der Betrachtung unseres Erdenlebenspanoramas nach unserem Hinübergang ins Jenseits werden wir dereinst genau erkennen können, dass wir das eine oder andere zum Guten mitbewirken konnten durch unsere Gebete. Und doch werden wir vermutlich betrübt sein, dass wir Mutter Maria nicht noch viel mehr an Gebetskräften zur Verfügung gestellt haben. Wir werden auch sehen, dass und wie uns selbst in verschiedenen Lebenssituationen geholfen wurde – mit Gebetskräften von anderen Menschen. Soll das nicht Ansporn sein, in Zukunft noch mehr zu beten und zu bitten? Für uns alle. Ist doch jedes innige aufrichtige Herzensgebet aus der Gesinnung der Liebe zum Wohle aller ein Lichtstrahl, der mithilft, der die Finsternis durchdringt, um das Dunkel zu erhellen.

Und eines ist gewiss: Wo und wann und wie auch immer wir in Bedrängnisse jedweder Art geraten sollten, und mögen sie noch so irdisch aussichtslos und ausweglos scheinen – ein inniges Herzensgebet um Hilfe zu Mutter Maria, zu Christus, zum Schöpfer findet immer Erhörung zu unserem Besten und zum Wohle aller, im Willen Gottes.

Rechtzeitiges Besinnen und Bemühen erspart spätere Reue

Die Geisterwelt Gottes möchte uns Erdenmenschen in unserer geistseelischen Entwicklung gerade in dieser Endzeitperiode noch möglichst rasch voranbringen, um uns spätere und dieses Mal ganz besonders bittere Selbstvorwürfe über Versäumnisse zu ersparen. Bis zum letzten Augenblick besteht auf diesem Sühneplaneten die Gelegenheit, manches noch freiwillig wiedergutzumachen, um die innere geistige Gesinnung gegenüber Gott, den Mitmenschen sowie sich selbst zu ändern, die Seele zu reinigen, Untugenden abzulegen, um Verzeihung zu bitten, sich zu versöhnen und vieles mehr.

Zu hoffen bleibt jedenfalls, dass durch die vielen aufrüttelnden Mahnungen ein tiefgreifender Eindruck sich vollziehe im Hinblick auf die in Garabandal vorausgesagte Seelenschau, und eine freiwillige gottgewollte Bereitschaft zur Gesinnungsänderung und Umkehr sich auch bei jenen Menschen einstellen möge, die sich jetzt immer noch innerlich dagegen sträuben und wehren. Es ist ja Sinn und Zweck der Warnungen von Mutter Maria, dass die Menschen zur Besinnung kommen und die vielen Möglichkeiten nützen, negative Bindungen zu lösen, anstatt sie als Fesseln weitertragen zu müssen.

Diese Warnung, von der die Prophezeiungen in Garabandal künden, wird die ganze Menschheit schwer erschüttern. Die Menschen werden weltweit ihren inneren Seelenzustand erkennen: „So bin ich! Das habe ich noch alles an mir! Das habe ich wirklich alles getan! So verhalte ich mich noch immer!" Diese Erkenntnis wird urplötzlich ins Bewusstsein treten und bei vielen doch noch eine Hinwendung zu Gott bewirken können, sie an seine Existenz glauben und den höheren Willen gelten lassen. Und dabei werden sie unterstützt in der unvorstellbar großen Liebe von Mutter Maria und der Geisterwelt Gottes.

Die sogenannte Scheidung der Geistwesen

In dieser bereits ablaufenden Erdenendzeitepoche haben wir Menschen in vielen, vielen Lebenssituationen, in jedem Augenblick unseres Erdenlebens die Möglichkeit, uns zu entscheiden – für das Gottgewollte oder für das Nichtgottgewollte. Jeder scheidet sich nämlich selbst durch seine Gesinnung, durch seine Entscheidungen. Wir werden also nicht von irgendjemand anderem geschieden, sondern jeder ent-scheidet selbst und scheidet sich somit auch selbst.

Sie ist ja schon angebrochen, diese Zeit, in der die Scheidung der Geistwesen stattfindet. Und Satan weiß, dass ihm und seinen Vasallen nicht mehr viel Zeit bleibt, um es jenen Erdenmenschen schwer zu machen, die sich seinem Einflussbereich entziehen wollen; die erfasst haben, worum es geht in diesem Erdenleben, in dieser Erdenendzeitperiode; die sich bemühen, ihre Fehler,

Schwächen, Untugenden usw. zu bereinigen, an ihrer Seelenreifung zu arbeiten; die sich entschlossen haben zu einer Änderung ihrer Gesinnung, zur Nachfolge Jesu Christi, zu ihrer Rückkehr ins Licht. Und da wird von der Geisterwelt Gottes jedes kleinste Bemühen für das Gottgewollte gestärkt und gefördert.

Jene Menschen jedoch, die durch die Gottferne im freien Willen die irdischen Werte zu ihrem „Gott" machen und sich bewusst oder unbewusst nicht um das Geisterreich Gottes kümmern, deren Sinnen und Trachten ganz auf die Materie und auf das Irdische ausgerichtet ist, auf ihren Wohlstand und ihr Wohlleben, auf ihre Macht und ihren Einfluss, ihr Ansehen und ihre Geltung in der Welt, sie bleiben vom Widersacher ziemlich unbehelligt, denn sie haben sich in der schon im Gang befindlichen Scheidung der Geistwesen bereits auf die dunkle Seite gestellt.

Das ist die Scheidung der Geistwesen! Das ist die Entscheidung jedes einzelnen Menschen, für Gott oder gegen Gott, für Christus oder gegen Christus. Jeder scheidet sich selbst. Und so wir uns für Christus entscheiden, erhalten wir alle nur mögliche Hilfe von ihm über seine vielen, vielen Boten. Und ganz besonders von Mutter Maria.

Mutter Maria weint viele Tränen um ihre Kinder

Mutter Maria weiß, dass die Erdenmenschen vor den größten Herausforderungen durch den Widersacher von Christus stehen, der mit seinem letzten Aufbäumen auf dieser Erde vor ihrer bevorstehenden geistigen Umgestaltung wütend, tobend, rasend versucht, noch alles mit sich in die Tiefe zu reißen, was ihm nur möglich ist. Und wie betrübt ist da Mutter Maria und wie schmerzt ihr liebendes Mutterherz angesichts jener ihrer Kinder, die sich trotz all ihrer liebevollen Botschaften und mahnenden

Aufrufe immer noch nicht aus den Verblendungen, Verlockungen und Verführungen Satans und seiner Vasallen lösen können oder wollen, die immer noch nicht bereit sind, sich endlich um ihr Seelenheil zu kümmern und sich Christus zuzuwenden. Wie viele Tränen weint sie um diese ihre Kinder!

Und wie viele bittere Tränen mehr noch weint Mutter Maria um jene ihrer Kinder, die nicht aus Lauheit, Trägheit, Gleichgültigkeit oder aus verschiedenen anderen menschlichen Schwächen heraus ihre Seelenreifung vernachlässigen, sondern die sich willentlich, ganz bewusst den Mächten der Finsternis gesinnungsmäßig zuwenden, Satan und den Dämonen anschließen und somit menschliche Handlanger sind für deren teuflisches Wirken auf Erden …, die sich bewusst vom Schöpfer abwenden und noch immer weiter von ihm entfernen …, die sich bewusst gegen Christus stellen und gegen Christus ankämpfen, und auch gegen alle, die Christus nachfolgen …

Mutter Maria weiß ja, was diesen völlig Verirrten bevorsteht: Sie werden im Zuge der bevorstehenden Reinigung, Umschwingung und Höherpotenzierung der Erde mit Satan und seinem Anhang ausgesondert, ausgeschieden, gebannt. Und was das aus geistiger Sicht bedeutet, erklärt der Gottesbote Emanuel in seiner Zukunftsvision betreffend die nahen Erdenendzeitgeschehnisse.

Zukunftsvision

(aus einer medialen Kundgabe[22])

„Erkennt, bitte: Euer Planet Erde ist ein Sühne- und Bußplanet. Dieser hat bereits eine gesetzmäßige Potenzierung durchlebt, in welcher die Erde, wie ihr es nennt, den Erdenmond als Folge ihrer Reinigungspotenzierung auswarf. Dieser sogenannte Erdtrabant ist das für euch sichtbare Zeichen, dass jene Geistwesen, die bis zum kosmischen Ernteschnitt ihre geistigen Entwicklungsmöglichkeiten zu ihrem geistseelischen Fortschritt nicht genützt haben, trotz vieler sicht- und spürbarer Liebeserbarmungen des Schöpfers von den nachfolgenden kosmischen Ereignissen ausgeschieden wurden. Diese wurden dann in diesem „Auswurf" gebannt, sind also kosmisch gesetzlich unfrei, mit diesem rotierend und dadurch an die sicheren Entwicklungswege des Seelenlebens durch die Materie hindurch gebunden. Der dereinst freie Wille der Geistwesen oder Menschen ist jetzt im Seelenleben latent ruhend, um in den sie sicher führenden Entwicklungsgesetzen durch die Materie auf der obersten Stufe der langdauernden Stufenentwicklungsleiter wieder schwach bewusst zu erwachen.

Diesen viele Äonen langen Bewusstseinsnotzustand, der durch endliche Gesetze geführt wird und zu dessen Heranführung und geistseelischer Bildung selbst nichts beigetragen werden kann, nennt Jesus, der Christus: ‚Die Nacht, in der niemand wirken kann.' (vgl. Joh 9,4)

Zu diesem Ausdruck Jesu Christi sage ich: Sicher geborgen und verborgen ruhen solche Gotteswillensfunken, solange sie in den gesetzmäßigen Fesseln der dichtstofflichen Materie gebannt sind. Diese Wesen, die in diesem an die grobstoffliche Materie gefesselten Zustand sind, nenne ich nicht Geistwesen, sondern Seelen- oder Lebensprinzipwesen – weil das seelische Prinzip in dieser Materie das einzige und dominant Wirkende ist.

Vor dieser viele Äonen dauernden Gebanntheit in der dichtstofflichen Materie will die „Siegerin über die Mächte der Finsternis" und „Frau aller Völker", eure himmlische Mutter, alle Erdenmenschen und Fluidalmenschen in den niederen Sphären bewahren.

Durch ihre vielen Erscheinungen, Botschaften, Wunderzeichen usw. will sie euch alle unter ihrem mütterlichen Schutzmantel vereinen. Sie hat vom Schöpfer über Christus das

„Gotteswort" empfangen, die Führung des neuerlich gereinigten und potenzierten Erdplaneten als dessen geistige Lenkerin zu übernehmen.

Im selben kosmischen Geschehensverlauf werden Luzifer und sein Anhang in der dichtesten Auswurfmaterie gebannt. [Die Erde wird also einen zweiten Mond bekommen.] Dies entspricht dem Sinn der Prophetie: ‚Dann wird Satan auf tausend Jahre gebannt.' (vgl. Offb 20,2)

Dazu noch meine kurze Erklärung: Die sogenannten tausend Jahre sind eine irdisch-menschliche Zeitangabe. Im kosmischen Entwicklungsgang der „Kosmoszeituhr" zeigt der Zeiger auf ein äonenlanges Gebanntsein."

Mutter Maria – unsere große Fürsprecherin

Verstehen wir nun das innige Herzensanliegen unserer himmlischen Mutter? Warum sie so sehr bestrebt ist, die Menschen wachzurütteln, solange es noch möglich ist, und ihnen zur Erkenntnis zu verhelfen, dass es höchste Zeit ist, den wahren rechten Weg einzuschlagen, den Weg der Nachfolge Jesu Christi zu gehen. Noch vor der Wiederkunft von Christus in geistiger Gestalt.

Bei seinem ersten Kommen auf diese Erde kam Christus in irdischer Gestalt als Jesus von Nazareth, um die Menschheit und die gesamte gefallene Schöpfung zu befreien aus der Zwangs- und Gewaltherrschaft Satans, indem er Satan besiegt und das Tor geöffnet hat, sodass alle mit ihrem freien Willen, wenn sie es wollen, wieder zurückkehren können, Stufe um Stufe, in ihre geistige Heimat.

Bei seinem zweiten Kommen in geistiger Gestalt wird er in großer Pracht und Herrlichkeit als König der Geisterwelt und auch der Menschheit wiederkommen. Dann wird er Rechenschaft fordern gemäß der Scheidung der Geistwesen, von jedem Einzelnen gemäß seiner Gesinnung, und er wird seine Getreuen heimholen. Und dann wird sich das erfüllen, was Christus verheißen hat: Wenn ich wiederkomme, mache ich alles neu! (vgl. Offb 21,5)

Bei dieser geistigen Wiederkunft von Christus wird Mutter Maria „als große Fürsprecherin für die Menschenseelen auftreten und für ihre Menschenkinder viele Gnaden von Christus erflehen und auch erhalten. Denn jedes Menschenkind, das nicht bewusst böse mit Satan und den Dämonen gemeinsame Sache macht und in Gedanken, Worten und Werken gegen Christus und seine Führung kämpft, kann Hilfe und Gnade erwarten, wenn das Menschenkind dies auch bewusst will!"[23], wie der hohe Gottesbote Laurentius in einer medialen Kundgabe vorhergesagt hat.

Lassen wir dazu noch weitere Gedanken der Zuversicht von Laurentius in unsere Herzen einschwingen:

„Das ist das himmlische Hochgefühl, das nur im Ausdruck des hingebenden Vertrauens zu Gott, zu Christus und zu Mutter Maria seinen Niederschlag finden kann! Damit spreche ich jedem Leser und jedem Menschenkind überhaupt Hoffnung, Zuversicht und Freude aus, die mit der Hinwendung zu Gott, Christus und Mutter Maria verbunden sind.

Für die Zukunft rate ich jedem: Weihe dich Gott, Christus und Mutter Maria, dies ist ein Unterpfand zu künftiger persönlicher Seligkeit! Lebe auf deinem Erdenweg vorausschauend, in der Zielrichtung näher zu Gott, mit all deinen Menschengeschwistern, denn alle sind wir eine Einheit und alle sollen freiwillig Kinder eines einzigen Vaters sein – Kinder Gottes!"[24]

Fürsprecher sein an der Seite von Mutter Maria

Wer sich in seinem Herzen auch nur ein klein wenig berühren lassen kann von der unermesslich großen Liebe, mit der die Botschaften und Prophezeiungen von Mutter Maria durchdrungen, durchschwungen sind, und wer ihre mahnenden, warnenden Aufrufe verstehen und annehmen kann als Ausdruck ihrer mütterlichen Fürsorge, um ihre so innig geliebten Kinder vor großem Unheil, vor großem Seelenleid zu bewahren, der kann wohl auch ein klein wenig mitfühlen mit ihrem großen Schmerz.

Mögen viele, ja immer mehr Menschen durch die unermüdlichen Hinweise von Mutter Maria bereit sein zu einem Gesinnungswandel, zu einer Entscheidung für Gott, zu einer Hinwendung zu Christus! Und möge sich in den Menschenherzen eine innere geistige Wandlung einstellen und eine gottgewollte Umkehr stattfinden bei jenen Menschen, die sich noch ganz bewusst gegen Christus stellen und auch gegen alle, die ihm nachfolgen!

Wir alle können auch selbst zu Fürsprechern an der Seite unserer himmlischen Mutter werden und mit unseren Gebetskräften für all jene noch unentschlossenen oder bewusst gottfernen, gottlosen Mitmenschen mit dazu beitragen, dass viele noch immer abtrünnig herumirrende Schäfchen wieder zurückgeführt werden können in die sichere Herde unter dem Schutz des Guten Hirten, Jesus Christus.

Tun wir es doch und unterstützen wir Mutter Maria mit unseren innigen Gebetsstürmen für die Rettung noch vieler Menschen, leisten wir diesen Liebesdienst für Christus!

Und dazu sind auch alle Leser mit ihrem freien Willen herzlich eingeladen.

Für die gottgewollte Bewältigung aller uns geistig prophezeiten Erdenendzeitgeschehnisse sei uns aus den innigen Auf-

rufen von Mutter Maria und den Boten Gottes in unseren Herzen
verankert:

Weihet euch Christus!
Scharet euch um Christus!
Vertrauet auf Christus!
Denn er ist unser aller Garant,
unser aller König.
Er war und ist Sieger
und er wird immer Sieger bleiben.
Und er ist unser Befreier
und Heimführer zum Vater!

Zum Ausklang

Mit der Beherzigung der Botschaften von Mutter Maria in ihren geistigen Prophezeiungen sind wir allerbestens gerüstet für die gottgewollte Bemeisterung der uns bevorstehenden Erdenendzeitereignisse und überreichlich versorgt für unseren geistigen Wiederaufstiegsweg.

Die darin übermittelten liebevollen geistigen Aufklärungen, Belehrungen, Ratschläge, Mahnungen und Warnungen dienen uns als leuchtende Liebeslichtwegweiser himmelheimwärts, und der daraus sich ergießende Liebesgnadenstrom verpflegt uns bei unserem geistigen Gipfelsturm auf Schritt und Tritt als erquickender, labender, stärkender Liebeskraftproviant aus der ewig sprudelnden Liebesquelle unseres Schöpfers, aus der wir schöpfen dürfen, so viel wir entsprechend unserer geistseelischen Entwicklung nur aufzunehmen vermögen.

In irdischen Worten lässt sich unser Dank an Mutter Maria für ihre so große Mutterliebe zu uns, ihren so innig geliebten Kindern, wohl nicht annähernd gebührend zum Ausdruck bringen. Erweisen wir unserer lieben himmlischen Mutter unseren Dank doch vielmehr mit unserem unermüdlichen Befolgen ihrer Aufrufe sowie dem Bekanntmachen und Verbreiten ihrer Prophezeiungen, damit noch vielen, vielen Menschen die Gnade zuteilwerden möge, von diesen geistigen Wahrheiten auch zu erfahren und von diesen Liebeskräften auch zehren zu dürfen.

Und schenken wir Mutter Maria unsere Gebetskräfte für gottgewollte Lösungen zum Wohle von allen und allem!

In diesem Sinne sei auch allen geistigen und irdischen Helfern gedankt, die auf ihre ganz persönliche Art und Weise zur Ermöglichung dieser geistigen Wahrheitenverbreitung mitbeigetragen haben und es auch in der Zukunft tun werden – der Segen von Mutter Maria für dieses Wirken sei dafür erbeten und wird nicht ausbleiben, wenn wir auf Christus vertrauen und in der Liebe bleiben. Denn:

Die Liebe wird alles überwinden.

Literaturverzeichnis

Quellennachweis und Literaturhinweise

Die Textzitate in diesem Buch stammen aus den folgenden im Literaturverzeichnis ausgewiesenen Werken, auf die sich auch die im Buchtext angeführten Hinweise auf weiterführende Literaturstellen beziehen – zum vertiefenden Nachlesen und Aufarbeiten der behandelten Themen.

[1] LUX, V. C. (Hrsg.): Meine Erlebnisse mit den Engeln Gottes, Books on Demand, Norderstedt, 2020

[2] GREBER, J.: Das Neue Testament, Johannes Greber Foundation, New Jersey, USA, 1989

[3] Eine sehr umfangreiche Sammlung ganz unterschiedlicher Erscheinungen, Botschaften und Offenbarungen von Mutter Maria ist nachzulesen in: HIERZENBERGER, G., NEDOMANSKY, O.: Erscheinungen und Botschaften der Gottesmutter Maria, Pattloch-Verlag, 1993.

[4] Privatarchiv

[5] Privatarchiv

[6] WEIDNER, G. (Hrsg.): Komm höher herauf, Eigenverlag, Wien, 2005, S. 119 ff.

[7] HIERZENBERGER, G., NEDOMANSKY, O.: Erscheinungen und Botschaften der Gottesmutter Maria, Pattloch Verlag, Augsburg, 1993, S. 257

[8] HIERZENBERGER, G., NEDOMANSKY, O.: Erscheinungen und Botschaften der Gottesmutter Maria, Pattloch Verlag, Augsburg, 1993, S. 257

[9] WEIDNER, G. (Hrsg.): Mutter Jesu, Maria, Eigenverlag, Wien, 3. Aufl., S. 58 ff.

[10] HIERZENBERGER, G., NEDOMANSKY, O.: Erscheinungen und Botschaften der Gottesmutter Maria, Pattloch Verlag, Augsburg, 1993, S. 266

[11] Privatarchiv

[12] SPECKBACHER, F.: Garabandal – Donnerstag 20.30 Uhr, Mediatrix-Verlag, Zischkin & Co. GmbH, A-3423 St. Andrä-Wördern, Gloriette 5, 1984 (1. Auflage: Wien, 1979)

[13] Weiterführende Erklärungen zum Spiegelgesetz in: WEIDNER, G. (Hrsg.): Ewige und endliche Gesetze Gottes, Eigenverlag, Wien, 2. Auflage, 1989, S. 58 ff.

[14] Weiterführende Erklärungen zur Gedanken- und Gefühlskontrolle in: WEIDNER, G. (Hrsg.): Zu neuen Lebensufern, Eigenverlag, Wien, 1. Auflage, 2012, S. 128-240

[15] SEKANEK, R.: Mutter Silbert, Tatsachen, Berichte, Dokumente, Otto Reichl-Verlag, Remagen, 1959

[16] Eine geistige Erklärung der Boten Gottes zu diesem Gleichnis vom verlorenen Sohn als Sinnbild für das Drama der gefallenen Kinder Gottes ist nachzulesen in: WEIDNER, G. (Hrsg.): Ewige und endliche Gesetze Gottes, Eigenverlag, Wien, 2. Auflage, 1989, S. 110-116

[17] Weiterführende Erklärungen zum Gesetz von Ursache und Wirkung in: WEIDNER, G. (Hrsg.): Ewige und endliche Gesetze Gottes, Eigenverlag, Wien, 2. Auflage, 1989, S. 76 ff.

[18] https://www.gebetsaktion.at, Verein Gebetsaktion – Maria Königin des Friedens – Medjugorje, Botschaft vom 25. Dezember 1989

[19] Anregungen zur Befolgung der Liebeslehre Jesu finden sich in: WEIDNER, G. (Hrsg.): Laurentius – Die Nachfolge Jesu Christi, Eigenverlag, Wien

[20] Geistige Auslegungen des Gottesboten Emanuel zur Bergpredigt sind nachzulesen in: WEIDNER, G. (Hrsg.): Die Glücklichpreisungen Jesu aus der Bergpredigt, Band 1 und 2, Eigenverlag, Wien

[21] Privatarchiv

[22] WEIDNER, G. (Hrsg.): Blicke in die Vorhölle, Eigenverlag, 1. Auflage, 2000, S. 211 ff.

[23] WEIDNER, G. (Hrsg.): Mutter Jesu, Maria, Eigenverlag, Wien, 3. Aufl., S. 13

[24] WEIDNER, G. (Hrsg.): Mutter Jesu, Maria, Eigenverlag, Wien, 3. Aufl., S. 13

Empfehlenswerte Literatur

Im Gisela Weidner-Eigenverlag erschienene Bücher:

Weidner, G. (Hrsg.): Laurentius – Schritte der Tat zur Entwicklung
Weidner, G. (Hrsg.): Offenbarung der Zukunft bis zur Wiederkehr Jesu Christi
Weidner, G. (Hrsg.): Erkenne dich selbst
Weidner, G. (Hrsg.): Ewige und endliche Gesetze Gottes
Weidner, G. (Hrsg.): Der Weg zur Gesundheit
Weidner, G. (Hrsg.): Laurentius – Die Nachfolge Jesu Christi
Weidner, G. (Hrsg.): Woher komme ich – Wozu lebe ich – Wohin gehe ich
Weidner, G. (Hrsg.): Zukünftige Ereignisse auf Erden
Weidner, G. (Hrsg.): Zukunftsweisende Berichte
Weidner, G. (Hrsg.): Maria – Mutter Jesu
Weidner, G. (Hrsg.): Astralreisen
Weidner, G. (Hrsg.): Die Geisteskräfte des Menschen und geistige Meditation
Weidner, G. (Hrsg.): Emanuel
Weidner, G. (Hrsg.): Karma und Reinkarnation
Weidner, G. (Hrsg.): Geistige Wahrheiten
Weidner, G. (Hrsg.): Geistiges ABC
Weidner, G. (Hrsg.): Sag ja zu Gott und deinem Leben
Weidner, G. (Hrsg.): Die Glücklichpreisungen Jesu 1. Teil
Weidner, G. (Hrsg.): Die Glücklichpreisungen Jesu 2. Teil
Weidner, G. (Hrsg.): Nahrung für deine Seele
Weidner, G. (Hrsg.): Religio
Weidner, G. (Hrsg.): Gespräche mit Drüben
Weidner, G. (Hrsg.): Intuitive Heilmeditation
Weidner, G. (Hrsg.): Befreiung von Angst
Weidner, G. (Hrsg.): Blicke in die Vorhölle
Weidner, G. (Hrsg.): Dein Schutzengel und du
Weidner, G. (Hrsg.): Das sichere Geleit
Weidner, G. (Hrsg.): Der Weg zur Geborgenheit
Weidner, G. (Hrsg.): Balsam für dein Leben
Weidner, G. (Hrsg.): Stufen zum Licht und zur Freiheit
Weidner, G. (Hrsg.): Die Spirale zum geistigen Erfolg
Weidner, G. (Hrsg.): Perlen aus geistigen Höhen
Weidner, G. (Hrsg.): Komm höher herauf
Weidner, G. (Hrsg.): Unsere Brücke zum ewigen Ziel
Weidner, G. (Hrsg.): Sprossen zum geistigen Aufstieg
Weidner, G. (Hrsg.): Geistige Blüten zur Höherentwicklung
Weidner, G. (Hrsg.): Geleit aus dem lichten Jenseits
Weidner, G. (Hrsg.): Die menschliche Traumwelt
Weidner, G. (Hrsg.): Wohin komme ich nach diesem Leben

Weidner, G. (Hrsg.): Wie ergeht es mir nach diesem Leben
Weidner, G. (Hrsg.): Wie sieht meine Heimat aus nach diesem Leben
Weidner, G. (Hrsg.): Wie erreiche ich eine schöne Heimat
Weidner, G. (Hrsg.): Das Tor zum schönen Weiterleben
Weidner, G. (Hrsg.): Ursache Sinn und Zweck des Menschenerdenlebens
Weidner, G. (Hrsg.): Rette deine unsterbliche Seele
Weidner, G. (Hrsg.): Nütze deine kurze Erdenzeit für eine schöne Unendlichkeit
Weidner, G. (Hrsg.): Zu neuen Lebensufern
Weidner, G. (Hrsg.): Wissenschaftler des Uranus testen Erdvölker
Weidner, G. (Hrsg.): Geist – Kraft – Stoff
Weidner, G.: Ich ging im Erdenleben durchs Feuer zum Licht

Zu beziehen sind die Bücher aus dem Gisela Weidner-Eigenverlag
über den Laurentius-Buchhandel:
Tel. u. Fax: 0043 (0)2239 34546 oder Tel.: 0043 (0)664 1636547
E-Mail: laurentius.buchhandel@gmail.com.

Im Verlag Books on Demand erschienene Bücher von Vera C. Lux:

Aus der Reihe LEBENSDIMENSIONEN:

Lux, Vera C.: Ich lebe ewig! Und du?, Band 1
Lux, Vera C.: Lebensaufgabe Seelenreifung, Band 2
Lux, Vera C. (Hrsg.): Meine Erlebnisse mit den Engeln Gottes, Band 3
Lux, Vera C. (Hrsg.): Meine Erlebnisse mit den Engeln Gottes,
Sonderausgabe Hardcover